Ce volume contient :

1°. De la conquête de Clovis, par Mr Nougarède de Fayet, Paris 1843.
2°. Antiquités gauloises par Mr Armd. Cassan, Mantes 1835.
3°. Essai sur les écrits politiques de Christine de Pisan, par Mr Raymd. Thomassy. Paris, 1838.
4°. La vie et les ouvrages de William Caxton, par Mr Le Roux de Lincy, Paris 1844.
5° Souvenirs d'une visite aux ruines d'Alise et au chateau de Bussy Rabutin par Mr Corrard de Breban, Troyes, 1833.
6° Recherches sur l'imprimerie de Troyes, par le même, Troyes, 1839.
7°. Notice sur l'établissement de l'Imprimerie dans la ville d'Aire, par Mr Morand, de Boulogne s/mer, Aire, 1845.

441 8°. Rapport à M.r le Ministre de l'Instruction publique sur la bibliothèque de Berne, avec des notices de manuscrits, par M. Achille Jubinal, Paris 1838.

445 9° Lettre de Jeanne Darc communiquée à l'académie des sciences morales et politiques, avec une notice par M.r Berryat S.t Prix, Paris 1844.

RECHERCHES

SUR L'ÉTABLISSEMENT ET L'EXERCICE

DE

L'IMPRIMERIE

A TROYES.

(Tiré à 125 exemplaires numérotés.)

N° 38

IMPRIMERIE DE BOUQUOT. — TROYES.

RECHERCHES

SUR

L'ÉTABLISSEMENT ET L'EXERCICE

DE

L'IMPRIMERIE

A TROYES,

CONTENANT

LA NOMENCLATURE

DES IMPRIMEURS DE CETTE VILLE,

DEPUIS LA FIN DU 15e SIÈCLE JUSQU'A 1789,

ET DES NOTICES

SUR LEURS PRODUCTIONS LES PLUS REMARQUABLES,

avec fac simile;

PAR

M. Corrard de Breban,

CORRESPONDANT DU MINISTÈRE DE L'INSTRUCTION PUBLIQUE POUR LES TRAVAUX RELATIFS A L'HISTOIRE DE FRANCE.

A TROYES, CHEZ BOUQUOT, LIBRAIRE.

A PARIS, CHEZ TECHENER.

1839.

AVANT-PROPOS.

Tout le monde s'accorde à reconnaître que la France ne possédera une histoire politique véritablement digne d'elle, qu'alors qu'au préalable des mains patientes et laborieuses auront dépouillé toutes les histoires particulières et les archives de nos provinces. C'est de là que plus d'un évènement recevra un jour tout nouveau; que certaines institutions, jusqu'ici mal comprises, se révèleront sous leur véritable aspect: c'est alors seulement que l'écrivain chargé de cette grande tâche pourra tracer à larges traits, à la manière des anciens, un tableau qui sera fidèle, car il sera le résumé d'éléments originaux et complets.

Il en est de même pour notre histoire artistique. Celui qui prétendra à l'honneur de l'écrire doit embrasser, dans ses recherches, tous les points du territoire; il doit aussi remonter dans le passé bien plus haut que n'ont fait ses devanciers. On reconnaît, aujourd'hui mieux que jamais, que même dans les temps les plus mauvais du moyen-âge, le flambeau des arts n'a pas cessé de luire sur notre beau pays; ce qu'on a pris pour des éclipses, n'étaient que les transformations que comportaient le degré de civilisation, l'état des esprits, les besoins dominants.

Ce n'est que d'hier, c'est-à-dire depuis le milieu du 17e siècle, que la capitale et la cour ont absorbé l'art et les artistes. Ceux-ci ont fait comme les gentilshommes qui, à cette grande époque de centralisation, ont quitté leur manoir et leurs allures indépendantes, pour briguer la faveur du maître. Mais dans les siècles précédents, chacune de nos cités présentait un centre de production qui ne relevait d'aucun autre, et qui se distinguait par un caractère d'originalité dont l'absence fait à présent le désespoir des connaisseurs. Alors les hommes que la nature avait doués de talents supérieurs, regardaient comme un devoir rigoureux de les consacrer à l'ornement et à l'illustration du pays qui les avait vus naître; il n'entrait point dans leurs idées de se produire sur de plus grands théâtres; c'est à ce culte de la patrie, ainsi entendu dans le sens le plus restreint, que nous devons mille chefs-d'œuvre semés sur la surface du pays, et jusques dans les localités les plus obscures.

On ne saurait donc émettre trop vivement le vœu de voir nos principales cités rechercher, recueillir et décrire les monuments que les âges précédents leur ont légués, et livrer à la curiosité publique, tout ce qu'on sait touchant leurs auteurs. Par ces soins pieux, elles ne feront pas seulement acte de justice envers leurs enfants; elles mériteront bien de la société tout entière, de cette société si désireuse aujourd'hui de connaître la vérité sur toutes choses.

Toutefois ne nous dissimulons pas que cette tâche est devenue difficile, les hommes d'élite dont nous parlons ne se préoccupaient guères de transmettre à la postérité les particularités de leur vie, et dédaignaient même d'attacher leur nom à leurs œuvres. Ils abandonnaient ce soin à la tradition et à la reconnaissance publique. Aussi chaque jour le torrent des âges vient recouvrir d'une vague d'oubli et ces intéressants souvenirs et ces noms dignes d'un autre sort.

Certes, s'il est un art dont l'origine semblait devoir être éclairée d'une vive lumière, c'était l'imprimerie, qui fournit elle-même les moyens les plus sûrs de communiquer avec la postérité. Cependant il n'en a point été ainsi. Ses premiers temps sont couverts de nuage; son début n'a pas de date certaine; le nom de son inventeur est un problème qui donne lieu à d'incessants débats parmi les savants. Plusieurs villes se disputent l'honneur de l'avoir produit, ainsi qu'il arriva jadis du chantre de l'Iliade; mais Homère est un personnage mystérieux : comme les héros qu'il a chantés, il habite les confins de la fable et de l'histoire. L'inventeur de l'imprimerie, au contraire, a vécu dans le centre du monde civilisé, à l'époque de la renaissance des lettres : nous n'en sommes séparés que par un petit nombre de générations.

Cette incertitude est pénible : qui n'aimerait à revêtir d'une forme certaine l'heureux génie auquel on doit tant de reconnaissance, pour avoir mis à la portée de tous les trésors de la littérature et des sciences jusque-là réservés à quelques privilégiés? qui n'aimerait à le voir, seul sur son piedestal, salué d'unanimes acclamations?

Mais après lui sont venus des hommes dont la tâche, pour être moins brillante, n'a pas été moins utile : ce sont ceux qui ont continué son œuvre; ceux qui l'ayant reçue à l'état d'art purement industriel, l'ont élevée à un rang où elle rivalise avec les beaux-arts, dont plusieurs se sont réunis pour l'embellir ; ceux enfin qui ont successivement vulgarisé cette merveille dans chacune de nos provinces.

Que du moins les noms de ceux-là soient inscrits fidèlement dans nos fastes : ne laissons pas périr, s'il en est temps encore, les monuments de leurs travaux. Recherchons-les dans la poussière où l'indifférence les a trop longtemps délaissés, pour les signaler à l'attention et souvent à l'admiration publique. Ne doutons pas que ces inventaires, pour ainsi dire domestiques, ne mettent au grand jour beaucoup de choses que les bibliographes les plus diligents n'ont pas connues.

C'est une dette de ce genre que je me propose d'acquitter dans cet essai, en faisant connaître ce que l'imprimerie fut à Troyes dès les premiers temps de sa découverte et dans les temps postérieurs; quels hommes s'y sont distingués et quels sont les produits les plus remarquables que nous devons à leurs presses.

Il n'y aura pas de présomption à dire que j'ai traité ce sujet plus complettement qu'on ne l'avait fait jusqu'ici. Quoi d'étonnant que les historiens de l'imprimerie, les Maittaire, les Panzer, les Prosper Marchand, n'aient consacré qu'une mention rapide et parfois erronée à ce qui, pour eux, n'était qu'un point dans un vaste horizon; que si notre Grosley, qui s'est étendu davantage sur notre typographie troyenne *, laisse lui-même à désirer, c'est que son plan embrassait trop de matières pour qu'il pût les approfondir toutes, et que d'ailleurs, pour ce chapitre, comme il en convient, il n'a guères vu que par les yeux d'autrui? Dans une monographie, au contraire, il fallait au moins qu'à défaut d'autre attrait, les amateurs trouvassent l'exactitude qu'on exige aujourd'hui plus que jamais. Aussi, à bien peu d'exceptions près, je ne cite pas un volume que je n'aie vu et tenu. J'ai exploré complettement, sous ce point de vue, la belle bibliothèque de Troyes; j'ai consulté la plupart de celles de Paris, ainsi que plusieurs personnes versées dans ces matières, et pour laisser le moins d'erreurs et d'omissions possible, j'ai mis tout le soin qu'on apporte à un travail dans lequel on se complaît.

Oui vraiment, je me suis plu à ce travail, et ce n'est pas que la matière en fût bien riche, ni qu'il pût me valoir aucune jouissance d'amour-propre; mais bien parce qu'il se ratta-

* Troyens célèbres, Tome II. Mémoires sur Troyes, page 500, vol. I et passim.

chait à mon pays, à une ville à laquelle il ne manque que d'être mieux connue, pour grandir en importance et en renommée. Voyez en effet sous combien de rapports Troyes mérite de fixer les regards et l'intérêt! c'est d'abord le municipe romain, capitale du peuple Tricasse, fier du patronage d'Auguste. C'est, dans les premiers siècles de l'église, la ville chrétienne, terre consacrée par les saints, leurs miracles et leur martyre. Au moyen-âge, c'est le foyer d'une active industrie, le lien d'un commerce immense entre l'Asie et l'Europe. C'est le séjour de princes puissants et d'une brillante cour. Tantôt elle apparaît, conviant les populations aux fêtes de la paix, escortée d'une brillante génération d'artistes qui l'embellissent avec profusion des trésors de leur génie : tantôt elle prend l'aspect guerrier, se revêt de fer, se fait une ceinture de tours crenelées, et se mêle d'une manière souvent décisive aux querelles des partis; aujourd'hui encore, malgré les ravages du temps et des hommes, cette vieille cité offre de curieux témoignages des différentes phases de cette histoire si variée.

Sans doute bien des parties de ce riche sujet ont déjà été traitées par des écrivains estimables. Mais plusieurs sont encore vierges, et d'autres ont besoin d'être soumises à l'épreuve d'une critique plus avancée. Toutes ensuite réclameront l'avènement d'un habile metteur en œuvre, qui saura en composer un monument imposant et régulier. Je me féliciterais si, moi, aussi, j'avais apporté une pierre à l'édifice.

RECHERCHES

SUR L'IMPRIMERIE.

ÉTABLISSEMENT DE L'IMPRIMERIE A TROYES.

Deux motifs se réunissaient pour que Troyes fût une des premières villes de France où l'imprimerie devait être importée. D'abord son voisinage et ses relations multipliées avec l'Allemagne, dont les commerçants fréquentaient ses foires si importantes au 15e siècle; ensuite l'état florissant de ses papeteries, qui fournissaient, sur place et à des prix peu élevés, la matière première. On sait que dans les 13e, 14e et 15e siècles, les moulins à eau, en amont et en aval de Troyes, étaient, pour la plupart, occupés par cette industrie. Les papetiers troyens, parmi lesquels l'Université prenait ses papetiers jurés, formaient une corporation nombreuse et riche. Nous n'en donnerons ici pour preuve que le passage suivant, d'une relation de l'entrée de Charles VIII à Troyes, en 1486. Elle est rédigée par le papetier Lebé, souche d'une famille qui a rendu depuis de si grands services à la typographie * :

> ....Aussi y furent de Troyes les papetiers
> En très grant pompe, habillés de migraine,
> Et bien montés sur beaux puissants destriers
> De bardure couverts très belle et saine.
> Pour y venir, laissèrent courir Seine,
> Levèrent vannes, delaissant leurs molins,
> Ung chacun d'eux grant joie si démaine
> Tous y avaient beaux pourpoins de satin.

Si l'on en croyait Grosley, qui s'explique comme s'il avait sous les yeux le volume, dont il donne pour ainsi dire le signalement, puisqu'il va jusqu'à préciser le format et les caractères, l'imprimerie troyenne aurait produit, dès 1464, un réglement sur les foires.

Comme une pareille date serait flatteuse pour notre amour-propre! Comme elle viendrait changer les rangs

* Le nom de cette famille s'est conservé à Troyes :

1° Dans la cour au Bé, rue du Temple, où vers le milieu du dernier siècle, on voyait encore les magasins et étendoirs immenses occupés autrefois par les produits de leurs manufactures; 2° dans la chapelle au Bé, qu'en 1497, Nicolas Lebé, bourgeois de Troyes, et papetier juré de l'Université, fit construire en l'honneur de Jésus-Christ, dans *son accin de la Tuilerie*, aboutissant au couchant sur l'ancienne chaussée Romaine qui conduisait de Troyes à Auxerre, à travers le marais de Montier-la-Celle. Cette chapelle est encore figurée dans le plan de 1679, par un petit portail flanqué de deux tourelles; depuis elle a entièrement disparu, mais ce quartier en a retenu le nom. L'ancien accin de la Tuilerie est possédé aujourd'hui par le sieur Chamoin, et dépend de la commune de Saint-André.

d'antériorité assignés unanimement jusqu'à ce jour ! Elle n'irait à rien de moins qu'à nous placer avant Rome, avant Paris, où l'on n'a imprimé au plus tôt qu'à la fin de 1469. Nous ne le céderions qu'aux seules villes de Mayence et de Bamberg. Mais la vérité est ici ce que nous cherchons avant tout. Disons donc que ce fameux réglement n'existe pas, ou que s'il existe, il porte une date bien plus récente. Toutes les recherches faites avant nous et par nous ont été inutiles pour en trouver le moindre indice ailleurs que chez Grosley. Il en est du réglement de 1464 comme du *Florius* de 1467, invoqué longtemps pour la ville de Tours.

Il faut également regarder comme apocryphe une prétendue édition, sous l'année 1480, des postilles des épîtres et évangiles, mentionnée par Maittaire et Prosper Marchand. Tous les bibliographes s'accordent aujourd'hui sur ce point. Ce livre ne doit d'existence qu'à une date mal lue.

Nous arrivons ainsi à reconnaître que la première production de l'imprimerie à Troyes, est le Bréviaire du diocèse, qui a paru en septembre 1483. Cette date incontestable est encore assez belle. Ce furent là les premières presses qu'on vit en Champagne. Il n'y avait encore que six villes dans tout le royaume qui en furent en possession, savoir : Paris (1470), Lyon (1476), Angers (1477), Chablis (1478), Caen (1480) et Vienne (1481). Il faut descendre de plusieurs années, pour en trouver dans certaines villes du premier ordre, voire dans des capitales. Nous nous bornerons à citer, parmi les villes que nous avons devancées dans cette carrière, Rouen, Nantes, Orléans, Dijon, Rheims, Rennes, Heidelberg, Munich, Copenhague, Lisbonne et Hambourg.

Comme ce livre est notre point de départ, nous le ferons connaître ici avec le soin qu'il mérite.

Nous n'en connaissons qu'un seul exemplaire, c'est celui de la bibliothèque du roi, coté B, 661.

Cette extrême rareté ne surprend point, quand on songe qu'au 15e siècle on n'imprimait qu'à un nombre d'exemplaires fort restreint, dont la moyenne roulait entre deux et trois cents; quand on songe, en outre, que l'usage quotidien que comportait cette nature de livre l'exposait d'autant plus à périr promptement.

Il n'est point de format in-8o, comme on l'a écrit jusqu'à présent, mais grand in-12. Il est imprimé sur deux colonnes, porte en hauteur 5 pouces 7 lig. ½, en largeur 4 pouces 2 lig. métrique. Il n'a ni titre courant ni autre, et commence par un calendrier de six pages. Il n'a ni chiffres ni réclames. Les capitales sont rouges et bleues, les versets sont distingués par des caractères de deux hauteurs légèrement différentes. Il porte 35 lignes à la page et 355 feuillets. Les caractères, de forme, sont bien pour le temps; l'exécution est correcte, et laisse toutefois à désirer plus de netteté. L'exemplaire dont s'agit est relié en veau, avec fermoirs en cuivre.

Nous en joignons ici un *fac simile*, où la souscription entière est transcrite.

On y voit que l'imprimeur a gardé l'anonyme, et qu'on est sur ce point réduit aux conjectures; mais les plus fortes présomptions se réunissent, ce nous semble, pour désigner Pierre Lerouge.

En effet, l'imprimeur que nous recherchons n'a dû travailler que temporairement à Troyes, et à ce livre seulement; car nous allons voir qu'il s'écoulera neuf années avant que l'imprimerie y fournisse une seconde preuve d'existence. Or, cette condition de presses ambulantes convient par excellence à celle de Pierre Lerouge. Il était établi, dès 1478, à Chablis, ville peu éloignée de Troyes, et y imprimait *le livre des Bonnes*

SPÉCIMEN

DU

BRÉVIAIRE DE 1483,

premier Livre imprimé à Troyes.

Ecce dies veniut di-
cit dñs ⁊ suscitabo
dauid germen iu-
stũ ⁊ regnabit rex ⁊
sapiens erit ⁊ faci-
et iudiciũ ⁊ iusticiã ĩ tra: ⁊ ho

Explicit breuiariũ secundũ
ecclesie trecen̄ vsũ. bene vi-
sum necnon correctũ. Im-
pressumq; trecis atq; com
pletũ vicesimaqnta mẽsis
septembris. Anno dñi mil-
lesimoquadringentesimo.
octuagesimotertio.

Mœurs, de Jacques Legrand. En 1486, 7 et 8, il était établi à Paris ; il y donna entr'autres des Heures de la Vierge, en latin, sur vélin, et *la Grande mer des Histoires*, où il prend le titre d'imprimeur du roi. En octobre 1490, il imprimait de nouveau, à Chablis, *les Sermons* de Maurice, évêque de Paris, et à la fin de la même année, il retourna à Paris s'associer avec Vérard.

Il est remarquable que *le 24 avril* 1483, il mettait la dernière main, *dans sa maison de Chablis*, au Bréviaire d'Auxerre. Rien de plus naturel qu'à la fin de la même année, il fût appelé à Troyes pour exécuter le Bréviaire du diocèse ; surtout quand on ajoute que Guillaume et Nicolas Lerouge, qu'on regarde généralement comme ses fils, ont tous deux imprimé à Troyes postérieurement. On conçoit parfaitement, du reste, comment ce Pierre Lerouge n'imprimait d'ouvrages qu'au fur et mesure qu'ils lui étaient commandés, et comment il saisissait les occasions d'aller chercher de l'emploi en dehors d'une petite ville qui présentait peu de ressource.

La démonstration serait complète si ce Bréviaire d'Auxerre, dont M. Tarbé me mande qu'il existe un exemplaire sur vélin, dans la bibliothèque de cette ville, présentait des caractères analogues à ceux de notre Bréviaire troyen.

Ce ne fut que neuf années après et au mois de mars 1492, que parut le deuxième livre imprimé à Troyes, mais cette fois avec le nom de l'imprimeur Guillaume Lerouge. C'est un volume petit in-folio, gothique, sur deux colonnes, de 233 feuillets, sans chiffres ni réclames. Au frontispice est gravée en bois une salutation évangélique qui occupe moitié de la page ; au-dessous se lit le titre suivant :

Les postilles et expositions des èpistres et euvangilles domīcales avecques celles des festes solenelles enssemble aussy celles des cinq festes de la glorieuse et très sacrée vierge Marie et aussi la passion de notre Saufveur et Rédempteur Jésus-Christ, translatées de latin en français, à la vérité du texte des quatre euvangélistes, et selon les concordāces des gloses et expositiōs de tous les saincts et excellents docteurs de notre mère saincte église.

Ce titre est encadré d'arabesques où les mots *Guillaume Lerouge, imprimeur,* se trouvent entrelacés. Dans le texte un grand nombre de vignettes font toutes allusion au texte de l'évangile qu'elles précèdent.

La souscription est ainsi conçue : *Si finisset les postilles, etc., imprimées à Troyes, par Guillaume Lerouge, imprimeur de livres, et furēt achevées le pénultime jour de mars mil* CCCC *quatre-vīgt et* XII.

C'est en négligeant de lire ce dernier chiffre XII qu'on a créé la prétendue édition de 1480; erreur qui s'est reproduite dans plusieurs Bibliographes.

Le nom de l'auteur de cette paraphrase, Nicolas de Lyra, et celui du traducteur français, Pierre Desrey, *orateur troyen,* n'y sont point énoncés.

Le volume est fort proprement exécuté pour l'époque.

Je ne connais de ce livre que l'exemplaire qui m'appartient et qui est de la plus belle conservation.

Ce Guillaume Lerouge, à l'exemple de Pierre, n'a très probablement fait à Troyes que de courts séjours. Il avait publié à Chablis en 1489 les mêmes postilles. Les Annales Typographiques nous le montrent domicilié à Paris, en 1508, et peut-être s'y trouvait-il longtemps auparavant. Il y donna cette année-là les Comédies de Plaute. En 1512, il publia, pour le compte de Denis Roce, un Lucain et un Salluste. Il se qualifiait *eximium typographum,* et employait des caractères italiques qui lui étaient propres.

La troisième impression exécutée à Troyes, dans le

15e siècle nous a été fournie, non par les bibliographes qui ne l'ont pas mentionnée, mais par nos recherches dans la bibliothèque du Panthéon, si riche en cette partie.

Ce volume petit in-8o gothique, de 52 feuillets sans chiffres ni réclames, portant 5 pouces sur 3 pouces 6 lignes métriques, est intitulé ainsi :

Privilegia et indulgentie fratrum minorum et predicatorum. Hoc opus diligentissime deportatum fuit de curia romana per rev. doctorem sacre theologie magistrum reginaldum Groveti ordnis minorum. Impressum Tresis cum summa cura et diligentia p. p. ceptum ejus,

Anno dnive Incarnationis MCCCCXCVI.

Au verso et au recto du premier feuillet, on voit deux cordeliers gravés au trait.

Le mot *Tresis* pour *Trecis* a fait hésiter le rédacteur du catalogue (M. Daunou); il se demande si ce livre ne doit pas être attribué à Trésen, petite ville de Suède. Cette supposition aurait été facilement écartée, car Trésen, dont le nom se traduirait en latin autrement que par Tresis, n'a jamais figuré dans les fastes typographiques; aussi ce savant n'a-t-il pas persisté longtemps dans ce doute, car dans les tables finales du catalogue, le nom de Troyes est seul employé avec renvoi à cet article. Comme ce volume provient du fonds Letellier, nous espérions trouver quelque lumière dans le catalogue de l'archevêque de Rheims, par dom Clément; mais il se borne à cette note, *vetus editio.*

Pour nous, nous voyons là évidemment une production troyenne. Le volume en question, relié aux fleurs de lys, accolé à un autre opuscule sur le même sujet, imprimé à Angers en 1499, est certainement d'origine française. Je doute fort que les Cordeliers eussent une maison à Trésen dès 1496, et je suis certain qu'ils étaient établis à Troyes dès 1237.

D'après la règle des probabilités, la seule qui soit de mise ici, on donnera ce volume à Guillaume Lerouge, puisqu'il est l'imprimeur dont l'existence à Troyes est la plus voisine de l'an 1496.

Ce serait ici le lieu, dans l'ordre chronologique, où l'on devrait placer un *Missale Trecense*, imprimé in-4°, en 1500, chez J. Lecoq, dont l'abbé de St.-Léger avait donné connaissance à Grosley, et qui figure en effet avec cette date sur les catalogues imprimés de la bibliothèque du roi, coté B, 666. Mais un examen de cet exemplaire même, signalé par l'abbé de St.-Léger, nous a fait voir que ce Missel n'avait en effet paru qu'en 1514. Voici la cause de cette erreur qu'on aurait facilement évitée en jetant les yeux sur le calendrier qui ne commence qu'à l'an 1514; en lisant la souscription : *Impressum anno millesīo quingen̄ XIIII Kalendas maii*, on a rattaché à tort les chiffres romains aux Kalendes, bien qu'ils soient imprimés en noir comme les mots qui précèdent, et non pas en rouge comme les deux qui suivent.

Par suite de cette rectification, il faut dire que dans l'état actuel des documents sur cette matière, l'imprimerie troyenne a souffert une interruption absolue entre 1496 et 1509, date de la réimpression par J. Lecoq du Bréviaire de 1483. Il existe même de cette lacune une autre preuve que la preuve négative résultant de l'absence d'imprimés. En effet, nous voyons, en 1497, Nicolas Ludot, papetier juré de l'Université de Paris, faire imprimer dans cette capitale, par J. Dupré, le superbe Missel troyen, dont on peut voir un exemplaire dans notre bibliothèque publique.

En 1501, l'évêque Raguier faisait imprimer in-f°, dans la même ville, ses statuts synodaux. En 1504, Thielman Kerver imprimait à Paris, avec sa supériorité ordinaire, le Bréviaire de notre diocèse. On le conserve dans notre bibliothèque publique, relié avec le Bréviaire de 1524.

En 1506 et 1507, Simon Vostre faisait imprimer à Paris les Heures communes et les Heures de la vierge à l'usage du diocèse de Troyes.

N'en peut-on pas conclure à bon droit que, durant toutes ces années-là, il n'existait dans cette ville aucun imprimeur qu'on pût charger de ces ouvrages d'une vente assurée; car quelle apparence qu'on allât chercher au loin ce qu'on aurait trouvé chez soi avec beaucoup plus de facilité et d'économie?

En résumé, et jusqu'à nouvelle découverte, les seuls ouvrages exécutés à Troyes dans le cours du 15e siècle, sont :

1o Le Bréviaire de 1483.

2o Les postilles de 1492.

3o Les privilèges de l'ordre des Cordeliers de 1496.

Nous ne comprendrons pas dans cette catégorie deux ou trois ouvrages sans date que certaines présomptions permettent de faire remonter au-delà de l'an 1500. De pareilles conjectures sont toujours fort contestables. Il nous suffira, quand nous en viendrons à parler de ces ouvrages, de mentionner les opinions dont ils ont été l'objet. Chacun prendra parti dans le sens qui lui conviendra *.

Nous nous sommes étendus sur ces premiers temps, parce qu'ils sont les plus susceptibles de confusion et les plus importants pour l'histoire de l'art. Pour les temps postérieurs, nous nous bornerons à faire suivre le nom de chaque imprimeur de la citation des ouvrages dont on lui doit la publication, non pas de tous absolument, ce qui serait d'une longueur qu'aucune utilité ne racheterait, mais de ceux qui se recommandent par leur exécution ou leur objet. Nous en donnerons même

* Voyez aux articles de Guillaume et de Nicolas Lerouge.

d'insignifiants quand il pourront servir à constater l'existence d'un imprimeur; et comme il est arrivé tout naturellement que les presses troyennes ont été surtout occupées à reproduire des ouvrages d'un intérêt ou d'un usage local, il s'ensuit que cette partie de notre essai formera une véritable bibliographie troyenne.

Pour la facilité des recherches, nous avons cru devoir ensuite distribuer les mêmes imprimeurs d'après l'ordre chronologique, ce qui peut servir à lever certaines difficultés en matière d'histoire littéraire. Par ce moyen, le nom de l'imprimeur donnera à peu près la date du livre, de même que la date du livre circonscrira singulièrement les recherches touchant l'imprimeur.

On verra dans cette revue que ce fut au 16e siècle que la typographie troyenne jeta le plus grand éclat. Quatre noms notamment se sont signalés dans la première moitié de ce siècle par une série d'ouvrages qui feront toujours l'admiration des connaisseurs; ce sont ceux de Jean Lecoq, premier du nom, Nicolas Lerouge, Nicole-Paris et Thibaut Trumeau. Véritablement, quand on a sous les yeux leurs belles productions, on se prend à penser que l'imprimerie n'a pas fait depuis trois siècles tant de progrès qu'on pourrait croire, et que la rapidité des procédés, l'économie de la main-d'œuvre, ont souvent été obtenues aux dépens de la bonne confection. Ici au contraire, tout se réunit pour charmer les yeux et pour défier l'action du temps. Blancheur et force d'un papier toujours collé ou d'un riche vélin, vigueur des encres agréablement contrastées, netteté des caractères, correction des textes, élégance et originalité des accessoires peints et gravés. Aussi nous n'hésitons pas à réclamer, pour les hommes habiles que nous venons de nommer, une place distinguée à côté des Vérard, des Pigouchet, des Kerver, dont le nom et les éloges ont chaque jour tant de retentissement.

Peut-être faut-il, en grande partie, attribuer le silence qu'ont gardé sur leur compte ceux qui dispensent la célébrité à l'extrême rareté de leurs productions aujourd'hui subsistantes. C'est une chose pénible à dire, mais sans les ressources que nous ont offertes les dépôts publics, nous serions dans l'impossibilité d'en parler. Durant un long temps la manie du nouveau a fait entièrement négliger ces beaux volumes et les a abandonnés à mille chances de perte; puis quand l'opinion, cette fois plus éclairée, leur a rendu justice, des combinaisons mercantiles en ont dépouillé la France au profit de l'étranger. Ce sont surtout nos amis d'outre-mer qui, en pleine paix, nous font sur ce terrain une guerre désastreuse. Non contents d'avoir fait passer le détroit à toutes nos estampes anciennes, autre honneur de la France, à nos vitraux, à nos tableaux, à nos édifices eux-mêmes, ils ont accaparé la vieille librairie, au point qu'on peut dire à la lettre qu'un jour viendra où il faudra s'établir à Londres pour connaître les produits de l'art français.

Vers la fin de ce même 16e siècle, l'imprimerie troyenne refléta les opinions de l'époque. Elle multiplia les pamphlets anti-ligueurs et anti-papistes, avec une audace qui ne conjura pas toujours le danger.

L'édition princeps du Phèdre se place dans les mêmes années.

Au 17e siècle, l'imprimerie ne se soutint pas à la même hauteur. Elle changea de caractère et devint une branche de commerce qui prit l'extension la plus considérable. Rien de plus populaire que les sujets sur lesquels elle s'exerça. Sous le nom de Bibliothèque bleue, elle reproduisit les vieux romans de Chevalerie et de la Table Ronde, délices de nos ayeux, dont ils formaient toute la bibliothèque, puis les naïves Légendes des saints, avec moralités et complaintes, lectures ordinaires des veillées villageoises. On y joignait encore, à l'usage des esprits forts de ce temps-là, ce que les bibliographes désignent sous le nom de *sôties*, *facéties*, petites pièces où la gaité rachète ce que le genre a de grivois pour ne rien dire de plus. Cette collection, mal imprimée, sur du papier détestable, n'a pas laissé que d'être recherchée par les possesseurs des plus riches bibliothèques, et aujourd'hui encore, il faut payer des prix fort élevés certaines de ses parties, lorsqu'elles passent dans les ventes publiques.

Les mêmes presses étaient en possession de fournir l'Europe d'almanachs, dont les prédictions, en style de Nostradamus, étaient lues avec avidité et consultées comme règle de conduite dans les conjonctures les plus importantes de la vie. Chaque éditeur avait son astrologue juré. Ils se partageaient la confiance des consommateurs en raison de leur célébrité et de leurs bonnes fortunes d'à-propos. C'est ce qui fait dire sérieusement à Duval, dans ses Eléments de la géographie de la France : « La ville de Troyes est habitée de plusieurs bons marchands *et d'un bon nombre d'astrologues.* »

Il est bon d'ajouter, pour la satisfaction des amateurs, que la ville de Troyes, aujourd'hui comme alors, est en mesure de satisfaire aux commandes, quelque nombreuses qu'elles soient, d'almanachs et de prédictions; mais ces dernières ont un peu perdu de leur crédit.

Au commencement du 18e siècle, l'imprimerie troyenne partagea avec les autres industries les fâcheuses conséquences des guerres de succession, qui, comme on sait, avaient fait un désert de notre cité. Ce n'est pas sans peine qu'on voit, en 1718, l'imprimeur de l'évêché recourir à son confrère Colombat, de Paris, pour donner le Bréviaire de M. de Chavigny ; mais plus tard la veuve Michelin répara dignement cet échec, en exécutant le beau Missel de 1736.

Il n'entre pas dans notre plan de parler des imprimeurs contemporains; pour asseoir un jugement sur les hommes comme sur les choses, il convient d'en être à une certaine distance. Mais nous pouvons dire au moins qu'ils se montrent dignes de leurs aînés. A voir en ce moment, l'émulation qui les anime, leur empressement à se tenir au courant de tous les perfectionnements, les travaux considérables qu'ils exécutent, tant pour la localité que pour la librairie parisienne, on est sûr de ne pas être démenti par l'évènement, en assurant qu'ils fourniront des pages intéressantes à ceux qui continueront la présente notice.

Rien n'annonce que les imprimeurs de Troyes aient été régis par des statuts particuliers. Aucune mention n'en est faite dans les registres de la communauté, qui nous ont été communiqués à partir de 1700. Il est probable qu'à l'exemple de ceux de Lyon, qui, d'après l'ordonnance du 28 décembre 1541, suivaient les réglements donnés pour Paris dans l'édit du 31 août 1539, ils se réglaient sur la capitale dont ils étaient plus voisins. Ils ne paraissent point non plus avoir été astreints à fixer leur domicile dans un quartier déterminé, comme leurs confrères parisiens, qui, sous peine de fortes amendes, étaient obligés d'habiter le quartier de l'Université dit quartier Latin. Nous voyons les nôtres habiter indifféremment les quartiers les plus opposés. Pourtant on remarque que certaines rues leur étaient particulièrement affectées; à savoir : la place de la Belle-Croix (de l'Hôtel-de-Ville), les rues du Temple et de Notre-Dame. Certaines circonstances nous ont même fait conjecturer que cette dernière rue a été leur berceau. C'était au *beau portail* de Notre-Dame-aux-Nonains que se tenaient leurs assemblées jusqu'en 1728, qu'ils se réunirent rue de la Vierge. C'était encore à l'église Saint-Jacques, annexe, comme on sait, de l'abbaye Notre-Dame, qu'ils célébraient leurs solennités religieuses, et notamment la fête de saint Jean-Baptiste, sous le patronage duquel ils s'étaient placés.

Leur nombre a singulièrement varié, après avoir roulé dans les 16e et 17e siècle entre quatre et sept. Il s'éleva successivement jusqu'au nombre de onze que nous avons relevé sur une liste officielle pour l'an 1702. En 1720, ce nombre était descendu à six. Un arrêt du conseil du 31 mars 1739, les réduisit à trois; mais cette limite ne fut jamais gardée à la rigueur, soit à raison du privilège des veuves d'exercer leur vie durant en dehors du nombre prescrit, soit pour d'autres causes de tolérance. En 1740, ils étaient cinq, et trois en 1789.

Cette année on compte à Troyes cinq imprimeurs et deux lithographies.

La communauté comprenait aussi les libraires. Ceux-ci avaient eu rudement à souffrir de la découverte de l'imprimerie, qui était venue partager les bénéfices des livres dont ils avaient jusque-là le monopole. Il s'ensuivit une de ces perturbations par lesquelles il faut presque toujours acheter les découvertes les plus utiles, et qui souleva d'innombrables réclamations. Pourtant les libraires conservèrent une existence indépendante. Nous les trouvons représentés à toutes les époques dans un nombre qui varie en proportion de la bonne ou mauvaise fortune de ce genre d'industrie. En 1702, ils étaient six, sept en 1720, deux en 1760; en 1789, il n'en existait qu'un qui ne réunît pas l'imprimerie à la vente des livres. Ils se recrutaient habituellement de fils d'imprimeurs. Ils ne faisaient tous pour ainsi dire qu'une même famille.

Nous n'aurions rien de plus à dire des libraires si, en considérant la série d'années dont nous nous occupons, nous n'apercevions précisément au commencement et à la fin deux noms qui méritent une mention particulière.

Le premier est Macé Panthoul, qui florissait vers l'an 1500; car c'est chez lui *grant rue, à l'enseigne de Saint-Jean l'évangéliste près le Pélican*, que se vendaient les statuts synodaux publiés en 1501. Il avait pour emblême ses initiales MP en écusson, supportés par deux *paons*, surmontés d'un *houx*, ce qui formait des armes parlantes suivant le goût de ce temps. Il devait faire un négoce considérable, car il employait plusieurs imprimeurs de Troyes et de Paris; il s'associa quelquefois avec Simon Vostre, notamment pour le Bréviaire du diocèse de 1504, et ce n'est pas une mince recommandation que de se présenter à côté de l'éditeur de si beaux volumes. Il est probable qu'il exerçait déjà dans les dernières années du 15e siècle, et qu'il a assisté à la révolution qui s'opéra alors dans le commerce des livres. Ses tablettes devaient offrir un mélange curieux d'ouvrages qui seraient aujourd'hui d'un prix inestimable. On ne pouvait y voir en effet que les éditions du 15e siècle, depuis si recherchées, et les beaux produits de la calligraphie qui sont aujourd'hui couverts d'or par les amateurs.

Qui sait si les doctes Troyens de ce temps-là ne se réunissaient pas chez le libraire Macé Panthoul, pour deviser des évènements littéraires qui étaient considérables alors, car il ne s'agissait de rien moins que de la résurrection des auteurs classiques qu'on retrouvait et qu'on reproduisait de toutes parts.

C'est ainsi qu'on a vu à Paris les libraires des rues St.-Jacques et de la Harpe, recevoir dans leurs boutiques obscures les premiers personnages de la magistrature du barreau, dans le 16e siècle. Tout en faisant leur choix parmi les éditions du jour, ils se communiquaient le résultat de leurs travaux dans la jurisprudence et la littérature, qu'ils ne séparaient point l'une de l'autre, et remplaçaient, par ces conférences familières, les sociétés savantes qui ne furent fondées que long-temps après.

L'autre libraire dont nous voulons dire quelque chose est M. Jacques Sainton, dernier syndic de la communauté, mort depuis quelques années.

Il a été dans notre ville le dernier représentant des suppôts de l'ancienne librairie, qui, au grand regret des gens de lettres, deviennent rares en tous pays. Les hommes dont nous parlons, bien pourvus de connaissances techniques et même quelque peu littéraires, aimaient autant les livres pour eux-mêmes que pour le lucre qu'ils en retiraient. Ce n'était pas sans un soupir qu'ils échangeaient un Elzévir à grandes marges, ou un exemplaire illustré, contre l'or d'un riche client. Ils possédaient, par la force seule de leur mémoire, la science des éditions diverses et de leur valeur vénale, science qu'on ne trouvait pas alors toute faite dans des livres que tout le monde peut consulter. Plus d'un auteur leur a dû des indications utiles, et ne leur en a pas toujours fait honneur. Tel était M. Sainton, tel le reconnaîtront, nous le pensons, les personnes qui ont eu des rapports avec lui : pour notre part, nous avons plus d'une fois regretté de ne plus être à même de le consulter sur l'objet de cet essai. Nous l'aurions certainement enrichi de particularités curieuses sur l'histoire littéraire et typographique de notre ville, dont la tradition a péri avec lui.

NOTICE ALPHABÉTIQUE

DES IMPRIMEURS TROYENS,

de 1483 à 1789.

ADENET (JEAN) imprimait dès 1702. Il occupait en 1720 la maison de l'*Orange-d'Or*, au coin de la rue de la Petite-Tannerie, du côté de la préfecture. Si l'on en croit une tradition consignée par l'abbé Tremet, dans des Mémoires que nous avons eus sous les yeux, cette maison aurait été habitée par les Lecoq, et serait ainsi l'un des berceaux de notre typographie. Mort en 1731.

— (sa veuve) lui succéda, en 1731, pour peu de temps.

ANDRÉ (ADRIEN-PAUL-FRANÇOIS), place de l'Hôtel-de-Ville, entra en exercice vers 1782.

A imprimé en partie *les procès-verbaux de l'assemblée administrative du département de l'Aube*, pour les années 1790 à 1793. Troyes, 1791. 3 vol. in-4o. Ce conseil s'assemblait dans la maison qui fait le coin des rues des Lorgnes et du Mortier-d'Or; ses séances étaient publiques. Ces procès-verbaux devront être consultés par ceux qui voudront connaître la transition de nos anciennes administrations à celles fondées par la révolution. Ils abondent en détails statistiques d'un grand intérêt; a imprimé depuis 1782, *l'Almanach de la ville et du dio-*

cèse de Troyes (par MM. Courtalon-Delaistre et Simon), 1776, 1791, 16 vol. in-24. On trouve à la fin de chaque volume, quelques faits ou pièces intéressant la localité.

BALDUC (JACQUES) demeurait rue Notre-Dame, avait pour emblème un pélican se saignant pour ses petits; a imprimé, en 1635, les *OEuvres de Malherbe*, in-8°. BT [1], et en 1640, *l'Office à l'usage de l'Abbaye Notre-Dame*, in-4° de 75 pages, fort proprement exécuté. BT.

BLANCHARD (JEAN), *dit* CHEVILLOT, imprimeur du roi, demeurait rue Notre-Dame, aux Armes de France. En 1646, il était associé avec Chevillot, dont le nom lui resta. En 1666, il travaillait seul et imprimait les actes de l'autorité publique. Nous citerons le *Réglement des Prisons*, par les officiers du bailliage.

—— (LOUIS), imprimeur du roi et de la ville. Nous avons vu des pièces sorties de ses presses, depuis 1675 jusqu'en 1691. Nous nous bornerons à mentionner la *Mairie et échevinage de Troyes, etc.* 1679, in-8°, recueil de pièces fort incomplet sur cette matière. La première pièce est le procès-verbal d'exécution de l'arrêt de 1493, contenant l'établissement des maire et échevins; la dernière est un arrêt du conseil d'août 1670, touchant les droits sur les vendanges. Je possède une première édition, moins ample, in-4°, 36 pages, 1612, sans nom d'imprimeur.

BOURGOIN (PIERRE) a exercé à partir de 1699; ne

[1] Nous marquerons de ce signe les volumes qui se trouvent dans la Bibliothèque communale de Troyes.

fut pas maintenu par l'arrêt du conseil de 1739. Nous ne connaissons de lui qu'un grand nombre de factums pour procès.

BRIDEN (EDME) demeurait, en 1627, rue Notre-Dame, à l'enseigne du Nom-de-Jésus, et a imprimé, la même année, *la Vie de Jésus-Christ*, in-12. BT.

— (CLAUDE) a donné le *Recueil général des quaquets de l'accouchée, le tout enquêté par dames, demoiselles, bourgeoises et autres*. Troyes, 1630 et 1631, in-8° de deux feuilles liminaires, et 94 feuillets non chiffrés. Rare.

— (BLAISE) imprimait dès 1654, demeurait rue du Temple. Nous n'avons pu rencontrer aucune de ses productions.

— (CHARLES) demeurait, comme les précédents, rue du Temple, dès 1702. Il était imprimeur de l'évêque, dont il prenait les armes pour enseigne. Il mourut en 1724. On connaît de ses presses, *Præfationes cum cantu*, in-4°, 1708. BT. Il a fait exécuter chez Colombat, à Paris, le Bréviaire de 1718, donné par M. de Chavigny, et auquel l'abbé Breyer a travaillé.

— (sa veuve) lui succéda, en 1725, pour peu de temps.

CHARBONNET (LÉGER). Il est cité comme un des plus féconds éditeurs d'almanachs et de pronostications, pour la première moitié du 17e siècle. Il a imprimé le *Journal de M. le cardinal de Richelieu, des années 1630 et 1631*. Troyes, 1652, in-12. BT.

CHEVILLOT (PIERRE), imprimeur du roi, rue Notre-Dame, dans les premières années du 17e siècle.

Nous citerons de lui :

1603. *Bulengerius de Theatro*. BT. Jules-César Boulenger, antiquaire, auteur de ce traité et de beaucoup d'autres, était né à Loudun, de Pierre Boulenger, troyen. Cette édition fait d'autant plus d'honneur à l'imprimeur, qu'elle est hérissée de passages grecs, rendus très-correctement, et en caractères grecs qui ne le cédaient point à ceux de l'imprimerie royale. Les planches en sont gravées avec beaucoup de propreté, par Edme Charpy, artiste troyen.

1604. *De l'Humanité de J.-C.*, traduit de l'italien, par M. l'Arrivey, chanoine de Saint-Étienne, in-8o. BT.

1608. *Les Veillées de Barthélemy Arnigio; les Comédies de l'Arrivey.*

1622. *Le texte de la Coutume de Troyes*, in-16; *les Sermons de J. Gerson*, in-8o.

—— (ANTOINE), imprimeur du roi, demeurait rue Moyenne, devant Saint-Urbain, de 1637 à 1643; s'est associé avec Blanchard, qui lui a succédé.

CLÉMENT (DENIS) était associé avec Noël Laudereau. (Voyez ce nom.)

COLLET (JEAN), imprimeur du roi. Dans le commencement de son exercice, il demeurait *è regione syrenis*, ce qui veut dire sur la place actuelle de l'Hôtel-de-Ville, car le logis de la sirene, ou sereine, comme on écrivait alors, occupait à peu près l'emplacement du no 1er de la Grande Rue. Vers la fin il était établi rue Notre-Dame, au coin de la Petite-Tannerie.

A donné, en 1578, l'Office du soir à l'usage de Troyes, in-12. BT.; en 1580, *Missale ad usum ecclesiæ Trecensis*,

2 vol. in-4o, sous l'épiscopat de M. de Bauffremont. Ce dernier ouvrage, bien exécuté, avec rubriques et vignettes, le place au nombre des bons imprimeurs. L'exemplaire conservé à la bibliothèque royale, a appartenu au doyen Vestier, et porte son nom, en toutes lettres, frappé sur la couverture du livre. C'était un des personnages les plus considérables de notre cité au 17e siècle. Il fut député en juin 1643, par le clergé du diocèse, pour prêter serment de fidélité au jeune roi Louis XIV. Jean Collet imprimait encore en 1609.

DEBARRY (NICOLAS) demeurait Grande Rue, vis-à-vis la Belle-Croix. On sait que ce monument, détruit comme tant d'autres en 1792 (voyez le journal de Troyes du 10 octobre, même année), était érigé à droite et en avant de notre hôtel-de-ville. Il exerçait déjà en 1702, et mourut en 1710.

Il a imprimé plusieurs ouvrages du savant abbé Breyer, et entr'autres le suivant : *Lettres de saint Loup, évêque de Troyes, et de saint Sidoine, évêque de Clermont, avec un abrégé de la vie de saint Loup*. Troyes, 1706, in-8o. Les termes très-généraux de ce titre ont abusé les derniers traducteurs de Sidoine Apollinaire. Lyon, 1836, 3 vol. in-8o. Ils comptaient trouver quelque secours pour leur travail dans cet ouvrage, et déclarent dans leur préface qu'ils l'ont fait rechercher dans les bibliothèques de Paris, de Lyon, et même de Troyes, et inutilement, à leur grand regret. Ils se consoleront aisément de ce contre-temps, quand ils sauront que cette prétendue traduction se réduit à une brochure de VI et 34 pages, contenant deux lettres seulement, avec le texte en regard, savoir : la lettre unique de saint Loup, conservée par dom d'Achery, tome V, page 579 de son spicilége, et la réponse de Sidoine (1er du 6e livre). Le tout est précédé d'un précis de la vie de saint Loup.

qui occupe 18 pages. Un frontispice gravé dans le style de Thomas de Leu, moins son talent, représente le saint, en pied, avec les insignes de l'épiscopat, foulant aux pieds l'hydre de l'hérésie. Nous avons relevé ces détails sur un exemplaire qui se trouve à Troyes, dans la bibliothèque de M. Thiérion.

—— (sa veuve) lui succéda en 1710, et exerça peu de temps.

DEMOJOT (Denis) imprimait, en 1652, le Bréviaire de M. Mallier, de société avec François Jacquard. (Voyez ce nom.)

DESCHAMPS (Philippe) a donné, en 1578, *les Mémoires et Recherches de Dutillet*, in-8°. Nous trouvons cette indication dans les anciens catalogues.

DURUAU (Jean), imprimeur du 16e siècle. Il a publié, en 1577, *deux Hymnes de saint Prudence, traduites par Pierre de Montchault*, alors principal du collége de Troyes. On citera encore : *Vie et Passion de madame Sainte-Marguerite*, en vers, sans date, gothique.

—— (Nicolas) a imprimé, en 1584, *la Vie de saint Flavit*, par Gilbert, jacobin, et en 1590, *le premier Recueil de toutes les Chansons nouvelles, tant amoureuses, rustiques, que musicales*, in-16.

—— (Pierre), imprimeur et libraire, demeurant rue Notre-Dame, a imprimé, en 1628, la Coutume de Troyes, avec le Commentaire de Pithou, in-4°. C'est une des bonnes éditions ; et en 1629, *le Paranymphe des Dames*, par Nicolas Angenout, conseiller au présidial de Troyes, in-8° de 272 pages, avec un frontispice gravé avec assez de finesse, par Picquet, troyen. C'est une maussade compilation en prose, de passages des auteurs anciens et modernes, à la louange des dames. BT.

FEVRE (Claude), ou LEFEVRE, car cette famille signait indifféremment des deux manières, mort en 1705. Il habitait, en 1655, la rue Moyenne, à l'enseigne du Point-du-Jour; il y imprima, cette année-là, le *Traité des Restitutions*, in-8°, par Louis Legrand, commentateur estimé de notre coutume. Les premières pages sont occupées, selon l'usage du temps, par de petites pièces de vers composées à la louange de l'auteur, en diverses langues. Le quatrain suivant donnera une idée de leur manière hyperbolique :

> Alexandre conquit la terre,
> Et Legrand ravit les esprits;
> Ce que l'un fit avec la guerre,
> L'autre le faict par ses escrits.
>
> *Signé* Coppois.

Dès 1671, on le voit transféré dans la Grande Rue, à l'Image-Saint-Jean-Baptiste, qui est représentée au frontispice de ses livres. En 1683, il imprima *les Titres de la fondation de l'église collégiale de Saint-Urbain de Troyes*, in-4°. BT.

—— (Jacques Ier), fils du précédent, exerçait depuis 1690, concurremment avec son père; est mort en 1738. Il était en même temps libraire, et demeurait dans la Grande Rue, à l'Image-Saint-Augustin. Il donna, en 1702, *la Vie de E. Roy, curé de Persée, par M. Morel*, deuxième édition, in-12. C'est lui qui a imprimé *les Vies de saint Prudence, évêque de Troyes, et de sainte Maure, vierge*. Paris, 1725, in-12, par Breyer. La vie de saint Prudence est tirée de divers auteurs. La vie de sainte

Maure est la traduction d'un sermon de saint Prudence, sur la vie et la mort de sainte Maure, dont le texte a été conservé par Camusat. Elle est suivie de notes qui sont autant de petites dissertations fort curieuses sur divers points de discipline ou d'antiquité ecclésiastique. Le même genre d'intérêt recommande *la Défense du culte de saint Prudence, et la Suite de la défense*, publiés à Paris, par le même auteur.

—— (JACQUES II), fils du précédent, lui succéda, en 1738, et mourut en 1756.

Ce fut chez lui qu'en 1744 parut, sous la rubrique de Liège, la première édition des prétendus *Mémoires de l'académie des sciences, inscriptions, belles-lettres, beaux-arts, etc., ci-devant établie à Troyes, en Champagne*, 1 vol. in-12, souvent réimprimé depuis. Grosley donne quelques détails sur cette publication dans ses *Commentarii de vita sua*, morceau d'un talent original, qu'on regrette de ne pas voir achevé, car il eût été, à coup sûr, son plus beau titre littéraire. Il composa les Mémoires de l'académie troyenne, en société avec deux de ses amis, David et Lefebvre. Pour subvenir aux frais d'impression, ils eurent besoin d'emprunter cent écus à la vieille Marie, servante de la maison Grosley. On n'en vendit à Troyes que quatre exemplaires; mais à Paris ils furent mieux appréciés, et l'édition s'écoula rapidement. C'est, comme on sait, un recueil de dissertations sur des sujets plus ou moins burlesques, où les formes de l'érudition et la manie des citations sont parodiées dans la manière du Mathanasius.

—— (sa veuve) demeurait Grande Rue, près Saint-Urbain. Elle lui succéda en 1738; n'exerce plus dès 1769. Elle imprima, en 1765, *l'Esprit de la Coutume de Troyes*, par Thiériot, 1 vol. in-8°., avec une carte géographique du territoire régi par cette coutume.

—— (Jean-Jacques), fils des précédents, succéda à sa mère, en 1769. Dans sa requête afin d'admission, il relève comme un titre d'honneur, qu'il sera le quatrième imprimeur de son nom, de père en fils.

GARNIER (Claude), imprimeur du roi, *demorant en la Petite-Tannerie, sur le premier pont, tenant sa boutique rue Notre-Dame, vis-à-vis la Croix-Blanche.*

Il a imprimé, entr'autres, 1582, *Table de l'origine des anciens Français, par Nicolas Vignier,* in-4°.

1583. Tous les arrêts rendus par la cour des grands jours, qui se tint à Troyes, cette année. Cette session commença le 9 septembre, et finit vers Noël. Il y avait dix-huit conseillers présidés par M. de Moulsaut. L'avocat du roi était M. Despeisses.

1588. *Les Triomphes de Pétrarque,* mis en vers français, par J. Ruir, in-8°; *l'Importunité et Malheur de nos Ans,* in-8°, en vers, par Balthasar Bailly, conseiller à Troyes.

—— (Pierre), mort en décembre 1738. On le surnommait l'aîné, pour le distinguer de Pierre Garnier fils, libraire, place Saint-Jacques. Il était établi dans l'avant-dernière maison de la rue du Temple, du côté de la porte Croncels, à l'enseigne des Trois-Marchands. Pendant près d'un demi-siècle, il fut un infatigable reproducteur du fonds de la bibliothèque bleue. Plus curieux de faire beaucoup que de bien faire, il apporta fort peu de soin au choix du papier et à l'impression. Bien que destinées dans l'origine aux dernières classes de la société, il est arrivé que la rareté ou la singularité de quelques-unes de ses publications leur ont fait trouver grâce auprès de certains bibliomanes. Son catalogue formerait un volume. Extrayons-en quelques articles pour caractériser cette spécialité dont les almanachs étaient un annexe considérable.

1725. *Tabarin.* — 1726. *La Conquête du grand Charlemagne, Huon de Bordeaux.* — 1728. *La Grande danse Macabre,* in-4°, 38 feuillets; *le Compost et calendrier des bergers,* in-4°. M. Brunet n'en connaît point d'édition postérieure.— 1729. *Jean de Paris.*— 1731. *L'Arrivée du brave Toulousain,* etc., etc. Pourtant, en 1696, il sortit de chez lui un petit mémoire historique fort curieux. Nous voulons parler du *Mémoire chronologique des foires de Champagne,* par l'avocat Desmarets, in-8°, 8 pages, devenu rare. Grosley l'a reproduit, presqu'en totalité, dans son chapitre sur les foires.

—— (sa veuve, ELISABETH-GUILLAUME) lui succéda en 1739, s'adonna au même genre d'ouvrages, et donna en 1754 sa démission en faveur du suivant.

—— (JEAN) succéda à sa mère en 1754, mourut en décembre 1765, même spécialité.

—— (JEAN-ANTOINE, fils de Jean) lui succéda en 1766, même spécialité.

—— (ETIENNE, dit LE JEUNE, fils puîné de Jean) fut nommé imprimeur en 1777, même spécialité.

Sa veuve, son fils et sa bru ont successivement fait valoir cette imprimerie depuis la révolution, et sont restés fidèles à la bibliothèque bleue et aux almanachs. Sa bru a vendu son établissement depuis peu d'années au sieur Baudot, qui réunit ainsi le fonds des Garnier et celui des Oudot, qui avait passé aux Garnier. Une si longue possession de la même industrie dans la même famille, avait fait du nom de Garnier la providence des colporteurs, qui faisaient pénétrer ces livrets informes dans la plus chétive cabane du moindre de nos hameaux. Ce nom avait obtenu une popularité contre laquelle lutteront long-temps encore avec désavantage les almanachs, bien supérieurs, propagés depuis quelques années par la presse philantropique.

GOBELET (MICHEL) demeurait vis-à-vis la Belle-Croix.

A imprimé, sous le voile de l'anonyme, le pamphlet de Grosley, intitulé : *Réflexions sur l'attentat commis le 5 janvier (1757), contre la vie du roi (Louis XV)*, 5 mars 1757, in-12 de 35 pages. Cette publication, dirigée contre le parlement et les jésuites, fit mettre à la Bastille Gobelet et sa femme. L'un et l'autre, soumis à une procédure criminelle, qui n'eut pas de suite, montrèrent une grande constance à ne pas révéler le nom de l'auteur.

Il a imprimé, à partir de 1761, les Ephémérides du même Grosley. Cet ouvrage, dont la réputation est faite, est celui qui a rendu populaire chez nous le nom de l'auteur. L'édition originale dont il s'agit ici forme 12 volumes in-32, qui ont paru de 1757 à 1768, et donnent chacun, à l'exception de l'année 1767, la figure d'un monument de Troyes. Ils sont extrêmement difficiles à réunir, surtout le premier : 24 à 36 francs, suivant la condition.

En 1768 le *Rituel du diocèse de Troyes*, a été réimprimé chez lui.

—— (sa veuve, N. GUÉRAPAIN), a imprimé, en 1783, *la Topographie historique de la ville et du diocèse de Troyes*, par Courtalon de Laistre, 3 vol. in-8°. On annonçait un quatrième volume qui devait contenir la biographie des Troyens célèbres, et qui n'a jamais paru.

L'ouvrage du modeste curé de Sainte-Savine, écrit sans prétention à l'effet du style, et surtout sans esprit de système, est de jour en jour plus apprécié. C'est une bonne fortune pour le pays qu'il se soit trouvé un écrivain aussi exact que laborieux, pour constater l'état de ses monuments et de ses institutions, à la veille d'une révolution qui devait les faire disparaître pour la plupart. Comme il ne se trouve plus en fonds, il n'est pas commun, et sa valeur pécuniaire ne pourra qu'augmenter : 25 à 30 francs. Il a paru à Troyes en 1786, pour faciliter l'usage de ce livre, une *carte du diocèse de Troyes, divisée en doyennés*, par M. Courtalon, ingénieur-géographe, et qui se rencontre difficilement. Malgré quelques imperfections, c'est incontestablement la meilleure qui existe. Celle de Sanson, 1656, reproduite par Robert en 1740, a beaucoup de positions fausses. Quant à celle de Vouillemont, 1675, elle est au-dessous du médiocre, tous les noms sont estropiés *.

La veuve Gobelet a imprimé du même auteur, *Eloge de Mignard*, 1781, in-12; *La vie du pape Urbain IV, suivie de celles de Pierre de Celle, Comestor et Salomon Jarki*, 1782, in-12.

GRIFFARD (Jean). Il demeurait, en 1596, rue de la Petite-Tannerie, au Pont-de-la-Croix. Il y donna cette année-là *la première édition de la Coutume de Troyes, commentée par Rochette*, in-8°. En 1612, il avait transféré son établissement sur le pont de la Salle. Il y donna la deuxième édition du *Sommaire décisoire des questions et*

* Voyez, pour les cartes de l'ancienne Champagne, ce que nous en avons dit dans l'Annuaire de l'Aube, pour 1835.

practiques tant ès-cours ecclésiastiques que seculières, etc., *avec le Poulier du diocèse de Troyes*, qui forme 24 feuillets, et *le Poulier de l'abbaye de Montier-la-Celle*, qui occupe 4 pages ; le tout in-8°. Ce fut chez lui qu'en 1615, par les soins du savant Camusat, fut imprimée pour la première fois l'Histoire des Albigeois, par Pierre, moine de Vaux-Cernay. Ce morceau a depuis passé dans le recueil de Duchêne et les autres grandes collections.

GYRARDON imprimait dans la seconde moitié du 17e siècle. Nous trouvons sous son nom, dans des catalogues de ventes faites à Paris, *la terrible et merveilleuse vie de Robert le Diable, lequel après fut homme de bien; la vie de Richard sans Peur, duc de Normandie; Histoire de Jean de Paris, roi de France*, 1672.

Un livre qu'il publia en 1677, et qui avait pour titre : *Le tombeau de la mélancolie ou le vrai moyen de vivre joyeux*, fut déféré au parlement par l'évêque Mallier du Houssay, et condamné *.

HERLUISON. Il figure dans les listes matriculaires de la compagnie de 1706 à 1712. Nous n'avons pu nous procurer aucune de ses productions.

JACQUARD (Jean) demeurait rue de la Corderie, près le Jeu-de-Paume. On a de son imprimerie :

1629. *Joyeuse entrée du roi (Louis XIII) à Troyes*. BT. in-4°.

1633. Véritable narré de ce qui s'est passé en la conversion de J. Rochette, le plus ancien avocat de Troyes ; par le père Ange de Raconis, prédicateur-capu-

* Topographie troyenne. Tome 1er, page 204.

cin, in-8°. Le volume s'ouvre par plusieurs anagrammes ayant trait au sujet de ce livre. Ainsi, on trouve dans Jean Rochette, *noié racheté*. Dans Ange de Raconis, *Agnos sanè reducit*. BT. La famille Rochette, fort ancienne à Troyes, et alliée à Girardon, s'est éteinte il y a une vingtaine d'années, dans la personne de Mme Camusat-Rochette.

1637. *La Sainctetė chrétienne, contenant les vie, mort et miracles de plusieurs saints de France et autres pays, dont les reliques sont au diocèse et ville de Troyes, avec l'Histoire ecclésiastique;* recueillie par M. N. Desguerrois de Jésus, pr. indigne, P. et P. de Troyes, in-4° de 427 pages, plus 30 feuillets non-chiffrés. Il était grand pénitencier, et mourut en 1676, âgé de 101 ans. Le bon Desguerrois, dont la piété d'ailleurs si respectable, n'était pas toujours éclairée par la critique, ne s'est pas contenté, comme on l'a dit, de traduire et de copier Camusat. Son ouvrage forme un véritable corps d'histoire, selon l'ordre chronologique, jusqu'à 1632. Aucune peine n'a été épargnée par lui, pour être bien informé; il prouve, par des attestations en bonne forme, qu'avant de prendre la plume, il avait visité les maisons religieuses du diocèse, et avait tiré de leurs archives grand nombre d'actes et de faits inédits. Les sentiments édifiants dont ce livre est empreint, en faisaient la lecture favorite des familles chrétiennes. Cette cause et la mauvaise qualité du papier, ont rendu extrêmement rares les exemplaires de première reliure et bien conservés. Il doit se trouver avant le titre un frontispice gravé : 15 à 20 fr.

—— (François), frère du précédent, avec qui il imprima la Sainctetė chrétienne, était imprimeur de l'évêché. Il demeura d'abord rue Moyenne, et plus tard grand rue, *sub signo sanctæ Catharinæ*. Voici quelques ouvrages qui ont paru chez lui :

1644. *Les Vérités de saint Aventin, fidèle Achates de saint Thomas de Cantorbéry, où sont sa vie et ses miracles, par N. Desguerrois, in-12.* Saint Aventin est un saint du diocèse de Troyes.

1652. Le Bréviaire donné par l'évêque Mallier Duhoussay, in-8°; il l'exécuta en société avec Denis de Mojot. Cette société, dont on ne retrouve pas d'autre trace, avait pris pour enseigne *la diligence.* La préface dans laquelle le prélat s'adresse à son clergé, fournit une nouvelle preuve de ce que nous avons dit sur le petit nombre d'exemplaires auquel on tirait, dans le 16e siècle; ce Bréviaire, qui, pour le moins, avait eu dès-lors sept éditions, était devenu si rare, que plusieurs prêtres se plaignaient de l'impossibilité où on était de se le procurer. Du reste, cette édition est des plus médiocres, ainsi que quelques gravures au burin, signées Garnier. Elle fait voir combien la typographie troyenne avait dégénéré de ce qu'elle s'était montrée au 16e siècle.

1664. *Recueil de plusieurs titres pour justifier que Henri Ier est fondateur des chanoines prébendés de Notre-Dame-de-Saint-Etienne de Troyes,* in-8° (par Breyer, chanoine de Saint-Etienne).

1668. *Series librorum quorum donatione doctis. J. Hennequin bibliotecam fratrum minorum trecensium auxit,* in-4°, 104 *pages.* BT. Ce sont les livres que ce docteur de Sorbonne donna en 1631 à la maison des Cordeliers de Troyes (aujourd'hui les prisons), à la charge d'en laisser jouir le public à certains jours; ce qui s'est exécuté jusqu'à la révolution. Ils ont dû passer dans la bibliothèque communale actuelle. Ils étaient autrefois dans un beau vaisseau au-dessus de la chapelle de la Passion. On sait que cette chapelle et ses dépendances, de construction aussi solide qu'élégante, ont été naguères démolies, au grand regret des amis des arts, et sans aucune nécessité; au contraire, elle avait une destination toute trouvée, c'était de servir de chapelle aux prisonniers, qui aujourd'hui n'ont pour assiter au service divin qu'une galerie basse, aussi incommode que peu convenable.

LAUDEREAU (NOEL). Nous avons trouvé de lui : *Description des Villes du royaume de France*, par Fr. Desrues, 1630, in-8°, fig.; *l'Eschole-Sainte de Patience, par le père Manceau, frère mineur*, in-8°, 1631, imprimée par Noël Laudereau et Denis Clément, imprimeurs-libraires.

LECOQ (JEAN Ier). On n'a point fait de distinction jusqu'ici entre deux typographes qui ont successivement porté et honoré ce nom. Cependant, comme les éditions qu'ils ont signées embrassent les trois quarts d'un siècle, cette circonstance seule devait donner l'éveil; mais nous avons la preuve certaine que, dès 1533, le premier Lecoq avait cessé de vivre. Celui-ci, dont nous allons d'abord nous occuper, est dit demeurant, tantôt *rue Notre-Dame*, tantôt *devant Notre-Dame*. Il avait pour enseigne un coq; ces armes parlantes se retrouvent au commencement et à la fin de ses livres. Elles consistent dans un coq au milieu d'un écusson, supporté par deux renards encapuchonnés. Dans les exemplaires possédés par des personnages importants, le coq fait place, dans l'écusson, aux armes du propriétaire. Comme nous l'avons dit plus haut, le Missel de 1500, qu'on lui donnait, n'a jamais existé. Nous n'avons, en conséquence, rien connu de lui avant le Bréviaire donné l'an 1509, après Pâques, par l'évêque Raguier, petit in-12, caractères gothiques très-nets, avec rubriques non historiées dans les exemplaires sur papier; il se trouve dans la bibliothèque du Panthéon; la bibliothèque royale en conserve deux exemplaires sur vélin : le premier, incomplet, provient de la vente Maccarthy, il est enrichi d'initiales et d'ornements peints en or et en couleur ; le second est complet, il est sans réclames, mais avec signatures et titres courants, sur deux colonnes de 37 lignes, il contient : 1° modus legendi, etc., 2° le titre, 3° la préface, 4° la table pascale, 5° le calendrier, 6° 64 feuillets, puis I à LXVIII, plus 147 feuillets, il a six pouces de hauteur. On n'y voit point encore le coq caractéristique de l'imprimeur ; une seule gravure en bois représente les trois personnes de la Trinité dans leur gloire. Dans un avis au lecteur, en latin, Lecoq s'excuse des fautes qu'il a pu laisser, sur la précipitation avec laquelle il a été obligé d'opérer ; à peine a-t-il eu le temps de revoir les épreuves ; celui de rédiger un errata complet lui a été refusé. Cette grande hâte semble annoncer que Lecoq aura été appelé de Paris, où il existait, dans le 16e siècle, des imprimeurs de son nom, pour venir exécuter, à Troyes, la réimpression d'un livre usuel qui manquait, comme on avait appelé Pierre Lerouge, en 1483, et qu'il aura dès lors formé, dans cette ville, un établissement permanent. Après avoir fait connaître, avec le soin qu'il méritait, ce volume qui, jusqu'à présent, est le quatrième qu'on ait imprimé à Troyes, nous indiquerons aux recherches des amateurs, parmi les nombreux et élégants produits de la même maison :

1511. *Heures à l'usage de Troyes, sans rien requérir, avec l'office de la Vierge.* Il en existait un exemplaire imprimé sur vélin, avec vignettes, dans la bibliothèque de M. Comparot de Bercenay, à Troyes.

1512. *Manuale secundum usum ecclesiæ Trecensis.*

1513. Ce fut, selon toute apparence, cette année que parut chez Lecoq *la Complainte de la grosse cloche de Troyes en Champagne*, par Nicolas Mauroy, in-8o gothique, réimprimé en mêmes caractères, en 1831, chez Crapelet. Ce petit poëme est curieux, la versification en est facile, et comme le beffroi était au moyen-âge le symbole des libertés communales, l'histoire des bonnes et mauvaises fortunes de notre beffroi fournit quelques indications pour l'histoire de la cité.

1514. Missel in-4o; c'est celui qui, par erreur, avait été reporté à 1500 : il est de la plus belle exécution, en lettres gothiques rouges et noires. Il se compose d'un premier cahier de 244 feuillets, d'un deuxième de 44, d'un troisième de 35. Bibliothèque du roi. L'exemplaire de Troyes est défectueux de quelques feuillets remplacés par d'autres en vélin, manuscrits. On lit sur la garde : *Ce présent Missel appartient à la confrairie des mes tondeurs de Troyes. Qui le trouvera qu'il le rende auxdits mestres et y poiront le vin.* Une gravure en bois représentant la résurrection, nous a paru identique avec une des gravures des postilles de Guillaume Lerouge, de 1492.

Même année 1514, indiquée seulement par le début du calendrier, de jolies *Heures à l'usage de Troyes, au long sans rien requérir*, in-12, caractères gothiques très-élégants, lettres noires et rouges. Initiales peintes et rehaussées d'or, ainsi que l'emblême de Lecoq. Il y a au moins deux exemplaires sur vélin.

1525. *Missale Trecense*, in-4o, très-beau volume gothique, lettres rouges et noires, capitales historiées, plusieurs figures en bois, notamment la Résurrection de 1492. BT, Bibliothèque de la ville de Paris.

1527. *Les Hymnes communs de l'année, translatés de latin en français, en Rhytme*, par Nicolas Mauroy le jeune, de Troyes, petit in-4o de 107 feuillets, sans la table, gothique, vignette en bois pour chaque hymne, avec encadrements très-variés. N'a été vendu que 6 francs chez le duc de la Vallière. Vaudrait beaucoup plus aujourd'hui.

1530. *Statuta synodalia diocesis Trecensis, ex prescripto Odardi Hennequin,* petit in-4° gothique. Grosley en a tiré et publié plusieurs morceaux curieux pour les mœurs de l'époque, notamment la manière de recevoir le ladre.

Ouvrages sans date du même imprimeur :

Les Coutumes du Bailliage de Troyes en Champagne, in-48 gothique, de 59 feuillets chiffrés, sur papier grossier et presque gris. Au lieu du millésime se trouve le chiffre VIII, qui, selon toute apparence, indique le nombre des cahiers ou signatures. Au verso du titre on lit ce qui suit :

Coutumes généralles gardées et observées au bailliage de Troyes, publiées et accordées presens a ce plusieurs et en grand nombre des gens d'église, nobles, praticiens et bourgeois tât de ladicte ville que dudict bailliage et aussi ès présences de nous Thibault Baillet conseiller du Roy nostre sire et président en sa cour de parlement et Roger Barme conseiller et advocat dudict seigneur en ladicte cour, commissaires en ceste partie. Ladicte publication encomencée a faire le vingt sixiesme jour du mois d'octobre l'an mil cinq centz et neuf continuée ès autres jours en suyvans selon les lettres de commission du roy nostre dict seigneur à nous envoyées à ceste fin.

Suit sans intervalle le texte des coutumes, puis la publication, puis le procès-verbal, et enfin la table des titres.

Ce volume offre d'autant plus d'intérêt qu'il ne doit pas être de beaucoup postérieur à l'an 1509, date de la dernière rédaction de notre coutume, si même il n'est pas de la même année, et comme le procès-verbal de rédaction ne se trouve pas en original aux archives judiciaires, comme ceux des autres provinces, il s'ensuit qu'en cas de diversité dans le texte des nombreuses éditions postérieures, c'est à celui de Lecoq qu'on doit s'en rapporter, comme étant, pour ainsi dire, officiel et tenant la place de l'original authentique qui nous manque. C'est ce qui a été décidé par un arrêt de la cour royale de Paris, du 31 juillet dernier, rapporté dans la Gazette des Tribunaux du 1er août.

Un exemplaire de cette édition figure dans le catalogue d'Hennequin. Il aurait dû passer dans notre bibliothèque communale, et pourtant il n'y est pas. C'est sur les marges d'un autre exemplaire que Pierre Pithou jeta les notes qui, réunies et développées par son frère, sont devenues le commentaire qui a paru sous son nom [1].

Ainsi qu'on l'éprouve souvent dans ces sortes de recherches, ce livre a entièrement disparu dans la ville pour laquelle il a été publié, et où il conserve encore, sur certains points, force de loi. C'est seulement à la bibliothèque du roi, qu'après des investigations dirigées inutilement autour de nous, il nous est possible de le signaler aux curieux et aux jurisconsultes.

La Vie de saint Bernard, premier abbé de Clairvaux, gothique, imprimé pour Macé Panthoul. 162 feuillets chiffrés, contenant les sept livres de la vie de saint Bernard et sa canonisation; 6 feuillets non chiffrés, contenant l'épitaphe de dame Aelis, mère de saint Bernard, composée par Me Guillaume Flameng, demeurant à Clairvaux, et jadis chanoine à Langres. Dans l'exemplaire conservé à la bibliothèque communale, le titre a été refait à la plume. Il a appartenu à Antoinette de Dinteville, dont les armes coloriées sont surmontées d'une crosse. La reliûre du 16e siècle est de la plus grande richesse.

[1] Essai sur l'origine des coutumes, par Grosley. Avertissement.

La Vie et Passion de madame sainte Marguerite, vierge et martyre, petit in-8° ; vendu 11 francs à la vente Méon.

La Vie et Légende de madame sainte Reigne, vierge et martyre, petit in-8°, 16 feuillets non-chiffrés, par J. Piquelin. Dans l'exemplaire du duc de la Vallière on trouvait, à la suite de cette vie, *les Heures de madame sainte Reigne*, in-8°, 8 feuillets, et *Missa sanctæ Reginæ*, 4 feuillets en ancienne bâtarde, avec gravure en bois sur le titre.

Et beaucoup d'autres vies et légendes de saints et martyrs qu'on ne connaît plus guères à présent que par l'insertion de leur titre dans les très-anciens catalogues.

On ignore la date précise de la mort de Jean Lecoq, premier du nom; mais, comme nous l'avons dit, elle est constatée, dès 1533, par un Missel imprimé la même année, par T. Trumeau (voyez ce nom), où on lit : *Impressum in ædibus defuncti Lecoq*. De 1530 à 1541, le nom de Lecoq ne reparaît pas, du moins il nous a été impossible de le rencontrer une seule fois. Il est vraisemblable que dans cet intervalle, l'héritier et successeur de J. Lecoq, n'avait point atteint l'âge nécessaire pour agir par lui-même, et que ces presses étaient exploitées pour le compte de tiers.

—— (Jean II). Il indique la même demeure que le précédent; il avait la même marque. Il semble seulement l'avoir distinguée en y joignant pour légende les mots suivants, tirés du livre de Job : *quis dedit Gallo intelligentiam?* Nous citerons parmi ses nombreux produits : — 1541, *le Grand Calendrier et compost des bergers, avec leur astrologie, et plusieurs autres sciences salutaires, tant pour les âmes que pour la santé du corps*, in-f° gothique. Très-nombreuses figures en bois, bien exécutées, ainsi que le texte. Le titre est à lettres rouges et noires. C'est une véritable encyclopédie populaire. On peut y prendre une idée des préjugés de toutes façons, qu'on débitait alors comme des oracles. BT. — 1543. Vie et légende de saint Joseph, petit in-8° gothique. Même année, *la sainte vie et véritable légende de madame Sainte-Catherine, vierge et martyre, et spéciale amie de notre Seigneur, et le triomphe d'elle à Rome le jour de sa fête, 20 de décembre de l'an 1540, par les vierges, filles et bourgeoises romaines*, in-8° gothique. — 1550. Heures à l'usage de Troyes. — 1573. *Manuale secundum usum insignis ecclesie Trecensis*, in-4° gothique. Lettres rouges et noires, gros caractères, belle exécution, 112 feuillets. — 1580. *Missale nominis Jesu*, in-4° gothique. — 1585. *Heures à l'usage de Rome, nouvellement réformées selon le calendrier nouveau*, in-18. La date est fournie par le commencement du calendrier ou tableau des fêtes mobiles, qui est dressé pour dix-huit ans. On trouve à la suite une *petite instruction pour une femme séculière*. (Chez le docteur Carteron, à Troyes.)

On voit par ce qui précède, que Grosley avait été évidemment induit en erreur, lorsqu'il disait que dès 1548, l'imprimerie de Lecoq était passée aux mains des Moreau *.

LEROUGE (Guillaume). A ce que nous avons dit de lui plus haut, ajoutez : le catalogue du duc de la Vallière contient l'article suivant : *l'Histoire et chronique du noble et vaillant Clamades, fils du roi d'Espagne et de la belle Clermonde, fille du roi Carmant* (translaté de rimes du roi Adenes, en prose). Troyes, Guillaume Lerouge, in-4° gothique. Cet Adenes était un trouvère,

* Troyens célèbres. Tome 2, page 8.

ménestrel de Henry, duc de Brabant dans le 13e siècle. Ce titre de roi, qui dans le langage de ce siècle n'emportait qu'une idée de supériorité relative, lui venait de ce qu'il était le chef des ménestrels de cette petite cour. Quand on considère que le seul ouvrage que Guillaume ait bien constamment exécuté à Troyes, se reporte à 1492, on serait fondé à supposer que l'édition ici rapportée est aussi du 15e siècle. La raison de douter est qu'il vivait et exerçait encore en 1512. C'est donc là une question dont nous laissons la solution à d'autres, surtout à ceux qui pourront parler de visu du livre dont nous n'avons que la simple indication.

—— (Nicolas). Les ouvrages ci-après signalés, et nous sommes bien loin d'avoir eu connaissance de toutes ses publications, doivent suffire pour justifier les éloges que nous lui avons donnés. Ils ont tous, indépendamment de leur extrême rareté, une valeur intrinsèque qui leur ferait atteindre des prix élevés, s'ils paraissaient dans les ventes. A la différence des autres membres de la famille, il prit à Troyes un établissement permanent. Dans les premières années, il s'intitulait *impressor peritissimus in intersignio venetiarum vici magni pulchæ crucis in celeberrimà et famosissima civitate Tricassina.* Annonce emphatique qui serait mieux placée dans la bouche d'un gascon que dans celle d'un champenois. En 1531, il demeurait dans la même rue, près la Belle-Croix, à l'enseigne de Saint-Jean-l'Evangéliste. Il a paru sous son nom, sans date, une édition petit in-fo de *la Danse macabre des hommes et des femmes,* qui figure dans la vente Gaignat, où elle a été payée 19 fr. Les plus savants bibliographes, l'abbé de Saint-Leger, Debure, M. Peignot, la regardent comme antérieure à 1500. M. Champollion-Figeac émet la même opinion dans une dissertation sur les diverses éditions de la danse macabre, où il indique la nôtre comme ayant réuni, pour la première fois, la danse des hommes et des femmes *.

Après cet arrêt, en quelque sorte souverain, on hésite à soulever un doute. Pourtant, n'y a-t-il pas grande difficulté à faire entrer avant 1500 ce Nicolas Lerouge dans une carrière où on le retrouve encore un demi-siècle après. Peut-être sera-t-on plus tard en mesure de lever cette objection en prouvant, comme nous avons fait pour les Lecoq, qu'il y a eu deux personnages du même nom, dont l'un a continué l'autre. On pourrait même, dès à présent, argumenter en faveur de cette proposition du changement dans l'enseigne intervenu vers 1530, et qui peut en faire présumer un autre dans les personnes. L'examen de ce volume aurait pu peut-être nous fournir quelque raison de prendre un parti, mais il est tellement rare qu'il n'existe pas même à la bibliothèque royale. Nous nous sommes adressés à M. Champollion-Figeac, et ce savant n'a pu se rappeler où il avait consulté l'exemplaire dont il parle dans la dissertation que nous venons de rappeler.

1510. *Le grand Calendrier et compost des bergers, avec leur astrologie et autres choses profitables*, petit in-f° gothique, figures en bois ; catal. Gaignat, n° 1038 : vendu seulement 7 fr. 95 c.

1524. *Breviarium Trecense*, petit in-8° (et non pas in-12, comme certains catalogues le désignent), gothique, sur deux colonnes. Sans date au frontispice ; elle est fournie par le calendrier, chiffré en plusieurs séries, peu de lettres historiées. A la première page, une gravure représente la vierge allaitant l'Enfant-Jésus. Impression d'une netteté et d'une beauté remarquables, et qui

* Magasin encyclopédique, Tome 6. 1811.

fait au pays où elle a été exécutée, le plus grand honneur. Au frontispice, on voit le chiffre de l'imprimeur surmonté d'un cœur avec cette devise : *Mon cœur est à Dieu*. Il est conservé à la bibliothèque du Panthéon, cotte BB. 1252. L'exemplaire de la bibliothèque communale de Troyes porte à la fin le nom de Thielman Kerver, supporté par deux licornes. Quelle que soit l'illustration de ce dernier nom dans la typographie, celui de notre compatriote avait le droit de s'y accoler.

1529. Une réimpression du *grand Calendrier et compost des bergers, etc.*, in-f° gothique de 82 feuillets, signés A.-O., avec figures en bois. M. Brunet remarque sur cette édition de cet ouvrage curieux, 1° qu'elle renferme un plus grand nombre de figures que celle de Genève; 2° qu'on n'y trouve pas la prière de Pierre de Nesson, commençant par ce vers, *ma doulce nourrice pucelle;* 3° que *les ditz des oiseaux* sont au nombre de 91, et en quatre vers chacun.

1530. *Le premier (et le second) volumes de la toison d'or, auquel.... sont contenus les hauts vertueux et magnanimes faits de très-chrétiennes maisons de France, Bourgogne, etc.*, deux parties in-f° à deux colonnes de 47 lignes, contient 2 et CXXXVI feuillets pour la première partie, 3 et CCXLIII pour la seconde. Figures en bois, lettres ornées. Au frontispice se lit, en majuscules, le nom de Jehan Petit, libraire de Paris, le Barbin de l'époque, pour qui quinze presses, dit-on, travaillaient dans la capitale et dans les provinces. BT. A été vendu 23 fr. mar. bleu, chez Gaignat, avec l'adresse de Poncet Lepreux, à Paris, et 3 liv. 13 schel. 6 den., vente Blandfort.

1531. Une réimpression de *la Grant danse macabre des hommes et des femmes, historiée et augmentée de beaulx dits en latin, etc.* Le millésime est ainsi conçu : Amen. mil cinq cents XXXI. 40 feuillets à deux colonnes, non chiffrés, 65 figures en bois. La dernière représente une nef poussée par un diable. Le titre, en lettres du plus beau relief, rouges et noires, est précédé de l'image d'un griffon. Les gravures sont d'un beau faire, le texte fort élégant et du tirage le plus soigné. Six vers latins entourent chaque gravure. La disposition et le trait pour ainsi dire calqué des gravures se sont reproduits dans toutes les danses macabres qui, depuis cette date de 1531 jusqu'à cette année 1839, se sont vendues à Troyes; mais combien, en passant par les mains des Oudot, Garnier et autres marchands de livres, l'œuvre du 16e siècle est devenue méconnaissable. L'exemplaire qu'on conserve à l'arsenal vient du duc de la Vallière, et formait le numéro 14111 du catalogue, en 6 volumes.

1550. *Missale ad usum SS. Romanæ ecclesiæ Trecensis*, in-fo. Un exemplaire sur vélin, enrichi d'un très-grand nombre de miniatures et d'initiales peintes en or et en couleur, se trouve en Angleterre, où il figure dans plusieurs catalogues du libraire Osborn.

MICHELIN (Pierre), imprimeur du roi et libraire, vis-à-vis l'Hôtel-de-Ville, exerçait avant 1702, est mort en 1737.

Il imprima en 1722 la Paraphrase du psaume 50, par le père Calabre (célèbre oratorien né à Troyes), un volume in-16; et en 1729, les Statuts synodaux du diocèse.

Il termina dignement l'exercice de sa profession, en publiant pour M. Bossuet le beau Missel de 1736, in-fo sur deux colonnes, encadré, qui ne le cède en rien à ce qu'on aurait fait de mieux à Paris. Ce volume est orné de plusieurs gravures en taille douce, par Drevet. Elles sont peu dignes de ce grand maître qui, pour le même prélat, avait gravé longtemps auparavant l'admirable portrait de l'évêque de Meaux, d'après Rigault.

— (sa veuve, EDMÉE BLANCHARD) imprima de 1737 à 1743.

— (LOUIS-GABRIEL, fils de Pierre) exerça concurremment avec sa mère jusqu'en 1743, lui succéda cette année-là, et mourut en 1753.

— (sa veuve) lui succéda à sa mort, et céda, quelques années après, son fonds au sieur Gobelet.

Elle a imprimé, sous la direction de Grosley, qui l'a raconté au père Adry, plusieurs feuilles du Dictionnaire historique, dit de Soissons. 1758. 6 vol. in-8°.

Cet ouvrage de parti, écrit par les oratoriens, fut, pour dépister la surveillance de leurs adversaires, imprimé par portions à Paris, Soissons, Auxerre, Troyes, et probablement dans d'autres villes.

Elle a imprimé les quatre premiers volumes des Ephémérides dont nous avons parlé à l'article de Gobelet.

A la tête du premier volume se trouve un petit *plan par terre de la ville de Troyes*, qui, dénué de toute indication nominale des rues et des monuments, ne peut servir qu'à donner une idée générale de la forme de la ville. A cette occasion, il ne paraîtra pas étranger à ces notes bibliographiques que nous disions quelques mots sur les autres plans connus de la ville de Troyes.

Il faut d'abord regretter que le plan figuré de cette ville, dessiné sur vélin, qui existait aux archives de la cathédrale avant la première révolution, n'ait pu être découvert jusqu'ici, et faire des vœux pour que le dépouillement complet auquel nos archives vont être soumises, amène un résultat plus heureux. Ce plan, dont nous avons recueilli quelques traits dans le n° 22 des Mémoires de la Société d'Agriculture, serait d'autant plus précieux, qu'il était antérieur à 1524, c'est-à-dire, qu'il remontait à une époque où les documents topographiques sur les villes sont excessivement rares, et qu'il donnait non seulement la position, mais la figure même de nos monuments.

Le premier plan gravé est celui de 1679, par Jouin de Rochefort. Il est devenu tellement rare, que nous ne pourrions en indiquer d'autre que celui qui existe au département des estampes de la bibliothèque du roi, section de topographie. Il est de format in-f° en travers. Il se vendait chez Jaillot; il est orné de cartouches où sont inscrites les armes du maire, M. Dare, et des huit échevins.

Parmi les différences notables entre l'état de choses de 1679 et celui de nos jours, nous ne citerons que celles-ci :

Un bras de rivière de forme courbe traversait le cloître Saint-Etienne à son entrée.

On remarque au lieu dit la Planche-Clément une porte de sortie entre deux tours.

Il y avait deux croix au faubourg Saint-Martin : l'une contre l'abreuvoir; l'autre au coin de la rue des Marots. Elles étaient probablement limitatives de la justice de Saint-Antoine.

Les fossés de la ville paraissent secs de Bruslé à Croncels.

La place des prisons était plantée d'arbres.

Le mail n'était planté que de Comporté au Ravelin.

Le pont de la Porte-Saint-Jacques tournait encore à droite, dans la direction de Gournay, où l'on voit encore les ruines des culées.

Un boulevard était élevé en avant de la Porte-de-Paris, et la défendait.

Le plan dont nous parlons a été réduit in-4°, par Beaurain, géographe du roi, qui ne s'y nomme pas.

En 1697, Parisot, de Nismes, fit paraître le sien, format in-f°, sous le titre de *Plan de la ville, faubourgs et dépendances de Troyes, capitale de la Champagne.* Malheureusement la ville n'occupe pas la dixième partie de l'espace, et beaucoup de détails n'ont pu y entrer, le nom des rues ne se trouve pas énoncé dans les légendes de renvoi, mais seulement celui des principaux monuments, et quelques détails archéologiques. Ce plan se rencontre communément. — Il en a été tiré des exemplaires sous diverses dates bien postérieures, notamment, en 1747, sans aucun changement dans le travail de la planche, ce qui peut être une source de graves erreurs, si on n'en tenait pas compte lorsqu'on la consulte.

Ce ne fut qu'en 1812, qu'un plan de petit format, fut joint, comme illustration, à l'édition des Mémoires de Troyes, par Grosley, donnée chez Sainton, et put donner une idée des nombreux changements, ou, pour parler plus exactement, des nombreuses destructions que la révolution avait produites dans la cité. On y trouve, en renvoi, le nom des principales rues. Ce plan, ainsi que les deux précédents, n'offre que des tracés par aperçu, sans aucune proportion géométrique.

Enfin, dans ces dernières années, a paru, chez Laloy, libraire, un plan sans date, sur une demi-feuille in-f°, en travers, fort nettement dessiné et gravé, avec le nom des rues et la division en section. Son format le rend fort commode pour l'usage, et doit le faire rechercher, surtout par les étrangers et les voyageurs.

On n'en doit pas moins encourager, par tous les moyens possibles, le projet mis naguères en avant de faire graver et publier une réduction du plan cadastral. Ce beau travail offrirait à la fois la garantie de l'exactitude mathématique et un développement suffisant pour satisfaire à toutes les convenances, et des administrateurs et des particuliers.

MOLINS (PIERRE DES). On a de son imprimerie, entre autres :

La Complainte des Argotiers, tirée d'un catalogue de deux Myons de l'argot, par le Regnandin mollancheur en la vergne de miséricorde, 1630, petit in-12 de 24 pages, vendu 31 francs, vente Nodier.

Le Recueil de Tabarin, in-12, sans date, se trouve à la bibliothèque du roi, coté Y2. — 1314.

MOREAU (MACÉ). Nous avons déjà dit que ce n'était pas lui, mais le suivant, qui avait été successeur de Lecoq. Il y a même quelques contradictions dans les mémoires du temps, sur sa véritable qualité, les uns le disent imprimeur, d'autres libraire *. Ce qui malheureusement ne peut souffrir aucun doute, c'est qu'en 1549, il fut poursuivi par le lieutenant criminel, Marc Champy, pour avoir distribué un livre à l'usage des réformés, intitulé *le Trafic et Train de Marchandises que les prêtres exercent en l'église*; qu'il fut appliqué à la question, condamné au feu et exécuté après confirmation de la sentence par le parlement de Paris. Cette horrible scène eut lieu le 18 octobre, sur la place de l'Etape-au-Vin; il montra une contenance héroïque, et voulut haranguer le peuple : mais le bourreau, en approchant un flambeau de sa bouche, l'en empêcha. On l'avait entendu réciter les vers suivants, en marchant au supplice :

Quand j'ai bien à mon cas pensé,
Une chose me réconforte;
Quand mon corps sera trépassé
Mon âme ne sera pas morte.

* Voyez Topographie troyenne, Tome 1, page 403. — Troyens célèbres, Tome 2, page 8. — Mémoires historiques sur Troyes. Tome 2, page 518.

—— (JEAN, dit LECOQ) succéda, dans l'intervalle de 1585 à 1589, au dernier des Lecoq, dont il ne manqua pas de conserver le nom et l'enseigne qui, depuis près d'un siècle, avaient acquis un grand renom. Ces presses ont fourni :

1589. *Le Martyre de frère Jacques Clément, contenant, au vrai, toutes les particularités les plus remarquables de sa sainte résolution et très-heureuse entreprise à l'encontre de Henry de Valois* (par Charles Pinselet, chefcier de Saint-Germain-l'Auxerrois). Non moins rare que l'édition de Paris, vendu 54 francs. Lavallière.

1592. *Le Guysien ou Perfidie tirannique commise par Henry de Valois, ès personnes des très-généreux princes Louis de Lorraine, Cardinal et Henry de Guyse,* par Simon Belyard. Même année, *Charlot, Eclogue pastorale sur la misère de la France,* par le même.

1594. *Breviarium Trecense,* in-12. BT.

—— (NOEL, dit LECOQ), demeurant rue Notre-Dame, à l'enseigne du Coq, succéda à Jean, et publia un grand nombre de bons ouvrages, et particulièrement :

1606. *Officium nominis Jesu,* in-8°.

1608. La première édition, due à Nicolas Camusat, de la Chronique de Robert, moine de Saint-Marien-d'Auxerre, in-4°, 114 feuillets; depuis elle a été comprise dans Duchesne et ailleurs.

1610. L'excellent Recueil de pièces et titres originaux sur l'histoire ecclésiastique du diocèse de Troyes, donné par Camusat, sous le titre de *Promptuarium Sacrarum antiquitatum Tricassiœ diocœsis,* in-8°. Voici l'ordre des choses principales qu'il contient : *Vita S. Frodoberti.* — *Vita S. Maurœ.* — *Historia inventionis corporis S. Mastidiœ.* — *Vita S. Aventini.* — *Passio S. Bercharii.* — *Catalogus episcoporum Trecensium.* — *Miscellanea historica,* 436 feuillets, plus la table. Vient ensuite un *Aucta-*

rium de 40 feuillets, qui manque quelquefois. Vaut, avec l'*Auctarium*, 15 à 20 francs.

1619. *Les Meslanges Historiques*, du même*, recueil de pièces historiques sur la France en général, la plupart écrites en français. On y trouve dans l'ordre suivant : un grand nombre de Traités, Lettres, Ordonnances, feuillet 1 à 42. — Formulaire du protocole pour les secrétaires du roi, feuillet 42 à 74. — Lettres et instructions du roi François Ier, à ses ambassadeurs, feuillet 1 à 227. — Recueil sommaire des états de Blois, tenus en 1576, dressé par Guillaume de Taix, doyen de l'église de Troyes et député ecclésiastique, feuillet 1 à 73.

Mémoires militaires du sieur de Mergey, gentilhomme champenois, feuillet 1 à 26.

* Au nombre des plus grands services rendus par le même Camusat, à la littérature, il faut placer celui d'avoir sauvé de la destruction un grand nombre de manuscrits, vendus à un parcheminier par les jacobins de Troyes, et dont il procura, par lui ou par d'autres, la publication. Ces livres avaient été donnés, à ce couvent, par Charles V, en faveur de son confesseur, de Villiers, qui sortait de cette maison ; chaque volume faisait mention du don royal, et on y avait transcrit la copie de la Bulle de Grégoire XI, qui frappait d'excommunion ceux qui les déplaceraient. Un jacobin ignorant, en vendit la plus grande partie comme vieux parchemins, à la fin du 16e siècle. Parmi ceux que sauva Camusat, il faut citer le saint Prudence et la Charte des coutumes de Champagne, qui passa depuis à M. Colbert, et qui doit être aujourd'hui à la bibliothèque royale, à laquelle ce fonds s'est réuni. — Beaucoup d'autres richesses de ce genre furent la proie des curieux, et même des écoliers auxquels cette bibliothèque était abandonnée, comme nous l'apprend Grosley, et qui n'avaient garde d'épargner les miniatures et les lettres peintes qu'ils y trouvaient à profusion.

D'après une note de Grosley, qui m'a été communiquée, voici

Beaucoup d'exemplaires finissent ici; d'autres contiennent encore : — Extrait du registre des lettres écrites par M. de Petremol, ambassadeur à la Porte, de 1561 à 1566,—12 feuillets. Imprimé en 1623.

Mémoires du sieur Richer, ambassadeur en Suède et en Dannemarck, sous les rois François Ier et Henri II, 22 feuillets. Imprimé en 1625. Christophe Richer était né à Thorigny, près Sens. Il avait été secrétaire du chancelier Poyet.

1621. *Journal du Voyage à Jérusalem et autres lieux de dévotion, tant en la Terre Sainte qu'en Égypte,* par le sieur de Sarrebruche, in-12, volume peu commun.

NICOT (EDMOND), demeurant dans le quartier Saint-Remy, *à regione sancti Remigii.* Il imprima en 1643 l'o-

---

tout ce qui restait dans le couvent, en 1740, des livres donnés par Charles V :

1° Une Bible latine du 10e siècle, 4 volumes in-f°, à deux colonnes, de deux pieds neuf pouces de hauteur;

2° Une Bible en 2 volumes, avec concordance des Saints-Pères;

3° Une Compilation de légendes, *per fratrem Jacobum de natione Januensem de ordine fratrum prædicatorum*, vélin, grand in-4°, fort épais, avec la date de 1335;

4° Un volume in-f°, vélin, du 14e siècle, contenant des notes grammaticales sur la Bible, divers Traités de Jean-Isidore; de Martin, écossais; de Hugues, sur la morale et sur les matières liturgiques; les Méditations de Hugues, prieur de la Grande-Chartreuse;

5° Un Traité d'histoire et de discipline ecclésiastique, en 26 livres, du 11e siècle, 1 volume in-f°, vélin;

6° Les Institutes de Justinien, grand in-f° à deux colonnes, du 11e siècle;

7° Un Dictionnaire étymologique et moral, 3 volumes, grand in-f°, vélin, 15e siècle.

puscule de Desguerrois, intitulé : *Sancti lupus et Memorius* * *cum Attilâ rege*, 40 feuillets non chiffrés, in-18; et en 1648, du même, *Ephemeris sanctorum insignis ecclesiæ Trecensis*, in-12. C'est une histoire fort abrégée, écrite en latin, des Saints qui ont vécu, ou dont on conserve des reliques dans le diocèse de Troyes. Il suit l'ordre du calendrier ecclésiastique, et commence

* Memorius était un diacre de saint Loup, qui l'envoya avec sept jeunes clercs au-devant d'Attila, jusqu'au village de *Brolium*, aujourd'hui Saint-Mesmin. Tous furent massacrés. Au moyen-âge, Mémorius, aujourd'hui connu sous le nom de saint Mesmin, était nommé saint Memor. Il est ainsi désigné dans la légende de la vie de saint Loup, représentée sur quatre panneaux de tapisseries qui, avant la révolution, garnissaient le chœur de l'abbaye de Saint-Loup, à Troyes. Comme il est probable que ces tapisseries ont péri, nous allons en transcrire ici les quatrains qui en feront connaître les sujets, et donneront une idée de la poésie du temps.

Sur le premier panneau, fait en 1542, on lisait :

St. Loup fils du sieur Epiriche
Affin d'être morigéné
Fut par le sien oncle Allistiche
Aux écoles mis et mené.

Pour exercer acte de guerre
St. Loup par son oncle Allistiche
A St. Germain le duc d'Auxerre
Fut présenté en état riche.

Sur le deuxième, fait en 1547 :

St. Loup chevalier débonnaire
Ami de Dieu très singulier
Epousa la sœur St. Hilaire
Pour la virginité celer.

Soy faisant aux vierges confrere
Son épouse voulut laisser
Puis au duc Germain sans differe
La comté rend pour gouverner.

Saint Loup, vêtu avec magnificence, est représenté agenouillé, comme lui en novembre. La bibliothèque de Troyes en possède plusieurs exemplaires. L'un d'eux acquiert un prix particulier d'avoir appartenu au savant Breyer, qui a écrit sur la garde quelques détails biographiques sur Desguerrois.

—— (Edme), éditeur d'almanachs et de pronostica-

en remettant entre les mains du duc Germain, la Comté, figurée par un collier d'or. Le duc est assis sur un trône élevé.

Sur le troisième, fait en 1540 :

St. Honoré de pure conscience
Etant rempli et d'abbès le miroir
En l'abbaye reçut de Lisinense
St. Loup voulant à son salut pourvoir.

Saint Honorat de Lerius, en habit de moine, donne l'habit à saint Loup, qui est ensuite représenté avec l'habit de saint Benoît et avec la cuculle monacale.

St. Loup étant religieux
En l'abbaye de Lisinense
Fut élu par le roi des cieux
Eveque de Troyes sans doutance.

(Ici un envoyé du clergé de Troyes, apporte au saint, avec apparat, la crosse et la mitre de l'évêché.)

Sur le quatrième, fait en 1580 :

St. Memor sort dévotement
Avecque sept que fait mourir
Le fier Attil cruellement
St. Loup vient les ensevelir.

St. Loup conserve la cité
Contre Attil et toutes ses gens
Qui passent pleins de cruauté
Sans voir ni nuire aux citoyens.

Les deux vers suivants sont placés au-dessus des deux principaux personnages :

Qui est-ce qui vient en ce lieu, tout dégaster par désarroi ?
Je suis Attil, fléau de Dieu, pour flageller les tiens et toi.

tions, 17e siècle, a été d'abord établi près le chef de St.-Loup, et ensuite place St.-Remi. Nous citerons de ses presses : *Pratique de dévotion toute particulière*, 1671, 2e édition. Anonyme. Une note anonyme et manuscrite annonce que l'auteur se nommait Chevillar.

OUDOT (JEAN).

Le nom d'Oudot est fameux dans la typographie troyenne, et par le grand nombre d'imprimeurs qui l'ont porté, et par leurs innombrables productions. Ce nom se lie dans la mémoire des amateurs de littérature, à tous nos vieux romans de chevalerie, et aux farces à personnages qu'ils ont si souvent reproduits. Ce n'est pas sans grande peine qu'on a pu distinguer les uns des autres les membres de cette famille qui, sous le rapport des procédés et du matériel, doivent être confondus dans la même médiocrité ; au point, par exemple, qu'on pourrait douter si le nom de cette bibliothèque dont ils sont les représentants les mieux fournis, ne vient pas autant de la couleur du mauvais papier qu'ils employaient, que de la couverture de leurs livres. Celui dont il est question ici a été, suivant Grosley, tiré par Pierre Pithou des ateliers de Mamert Patisson, et s'est établi à Troyes avec un assortiment des caractères de son patron. Dès 1594, son existence à Troyes est constatée par la publication suivante : *Edict et déclaration du roi sur la réduction de la ville de Troyes sous son obéissance* à Troyes, par Jean Oudot, imprimeur du roi, demeurant rue Notre-Dame, 1594, in-18, 24 pages.

Ce fut de ses presses que, dans l'automne de 1596, sortit l'édition princeps du Phèdre, dont la littérature est redevable au même Pierre Pithou. A peine l'éditeur eut-il le tems d'en corriger les épreuves et d'en adresser quelques exemplaires à ses amis. Le privilége est daté du 28 août, et il mourut le 1er novembre. Il était alors dans sa mélairie de Bernières, près Nogent-sur-Seine, et venait à Troyes par intervalle pour surveiller l'ouvrage.

On sait que le manuscrit qui a servi à cette édition n'a point péri dans un incendie à Rheims, comme l'a écrit Grosley, mais qu'il se trouve encore aujourd'hui dans la bibliothèque de M. Pelletier de Rosambo, allié de la famille Pithou, et que c'est principalement sur son texte que M. Berger de Xivrey a donné en 1831 à Paris une édition de cet auteur.

On a remarqué qu'il était assez étrange que jamais MM. Pithou n'aient parlé de la provenance de ce manuscrit. Ils avaient pourtant d'autant plus occasion de le faire, que l'authenticité des fables ne fut pas acceptée sans contradiction. Le père Adry supposait que ce manuscrit avait été recueilli, lors du pillage de l'abbaye de Saint-Benoist-sur-Loire en 1562, par Pierre Daniel, bailly de cette abbaye, qui, dans cette circonstance désastreuse, avait fait plusieurs autres acquisitions de ce genre à des conditions très-peu onéreuses. Daniel était intimement lié avec les Pithou; il aurait pu leur faire hommage du manuscrit, et les deux frères n'auraient pas voulu appeler l'attention publique sur la possession très-contestable que leur ami s'en était procurée.

L'édition de Troyes est un petit in-12 de 67 pages chiffrées, plus 3 non chiffrées, caractères italiques; rare, vendu 51 fr. Saint-Léger. Nous ne connaissons à Troyes que l'exemplaire du docteur Carteron.

La même année, Oudot publia, même format, même caractère, *Sacrorum heroum, atque heroidum odæ, a franço Ducatio santaventino latinæ factæ.*

Il nous a encore passé sous les yeux l'office de la présentation de Marie, in-8o, 1597. Au frontispice, deux béliers affrontés soutiennent un oiseau avec cette légende : *patientia pauperis non peribit in finem.* Plusieurs catalogues lui attribuent la *Chronique de Gargantua, cousin du très-redouté Galimafrée,* in-16 de 32 feuillets.

—— (NICOLAS Ier, fils de Jean) demeurait rue Notre-Dame, à l'enseigne du Chapon-Couronné. Son nom paraît, dès 1606, au bas d'*Oger-le-Danois* et de *Galien-Retoré*, in-4°. Il paraît qu'il mourut avant 1636. Il travaillait encore en 1630, car il donna cette année-là les *gestes et faits du preux chevalier Geoffroy à la grant dent*, in-8°. Dans l'intervalle, il édita, entr'autres ouvrages, 1609, *Hector de Troyes*, 48 feuillets, 8 figures en bois. 1612, *Meliadus*. De 1614 à 1621, un grand nombre de tragi-comédies, par J. Gaumé, Charles Bauter, et autres poètes du temps, avec de fort mauvaises gravures. 1618, l'*Histoire de Morgan le géant, lequel, avec ses frères, persécutait toujours les Chrétiens*. 1621, la *patience de Job, à 49 personnages*, in-4°. 1628, *Farce nouvelle du Musnier et du Gentilhomme, à 4 personnages*, in-12, vendu 9 fr. Lavallière. Sans date, *la Vie de Madame Sainte-Barbe, par personnages*, vendu 22 fr. Barré. etc., etc.

—— (sa veuve.) Elle l'était dès 1636. Il ne faut pas la confondre avec la veuve de Nicolas Oudot, de Paris. Celui-ci, reçu en 1665, demeurait rue de la Bouclerie, et avait épousé la fille de Psome.

Nous ne pouvons citer de la veuve Nicolas Oudot, de Troyes, que la *Navigation des Compagnons à la bouteille*, in-16, sans date.

—— (JEAN II), probablement frère du précédent, demeurait aussi rue Notre-Dame, à l'enseigne du Chapon-d'Or-Couronné. On le nomma longtemps Jean Oudot le jeune, pour le distinguer de son père. On a de sa façon :

1622. Almanach pour 1622, par Pierre de l'Arrivey, avec de grandes prédictions.

1623. *Processionale Trecense*, in-8°.

L'exemplaire de la bibliothèque de Troyes a appartenu à Remi Breyer ; il contient une note fort étendue de la main de ce savant, où il rapporte d'anciens rites prescrits par le Processionnal de Sainte-Prudence, que Dom. Martenne a publié dans son Traité de l'Ancienne Discipline, Lyon, 1706, tome 4, page 371.

—— (NICOLAS II, fils de Nicolas Ier) demeurait rue Notre-Dame, a beaucoup travaillé pour les libraires de Paris, Courbé, Billaine, Dupuis, Soly et autres. Grosley cite entr'autres les premières éditions de Perrot d'Ablancourt, qui, de sa terre de Nauroy où il avait établi sa résidence, venait surveiller le travail de l'imprimeur. Il plaçait habituellement son nom ou celui de la ville de Troyes, en caractères microscopiques, dans l'un des fleurons du frontispice. A en juger par les voyages de Vincent Leblanc, in-4°, qu'il a imprimé pour Germain Clousier, et qui nous ont passé sous les yeux, il se rendait justice en gardant cette espèce d'incognito.

Parmi les livres qu'il a donnés pour son compte, nous citerons seulement :

1641. *Le Roman de la belle Hélène de Constantinople, mère de saint Martin de Tours.*

Même année. *La Grant danse Macabre;* c'est une réimpression en lettres romaines, de l'édition donnée par Lerouge en 1531. Cinq à six des figures ont été retranchées vers la fin. On a ajouté les tourments des damnés. Du reste, vilaine réimpression, vilain papier, figures à l'avenant, rien ne ressemble moins au modèle. Il se trouve à la bibliothèque de l'arsenal.

1672. *Le Grand Calendrier et Compost des Bergers.*

1682. *Les Débats et Facétieuses rencontres de Gringales et de Guillot Gorju, son maître,* in-12.

—— (JEAN III) a imprimé, en société avec le suivant, à la date de 1686, *Processionale Trecense*, in-4°. L'exemplaire de la bibliothèque de Troyes, d'une superbe condition, a appartenu à M. Herluison, secrétaire de l'évêché de Troyes, au commencement du 18e siècle, dont il porte les armes. Ces armes sont un soleil et trois flammes en chef avec ces mots : *Ardere et lucere*, qui font allusion à son nom. Il avait réuni une nombreuse bibliothèque des mieux choisies, qu'il laissa aux pères Oratoriens de Troyes.

Cet Oudot demeurait, en 1696, rue du Temple, dans l'avant dernière maison, du côté de Croncels; il est mort en mai 1705.

—— (Jacques, fils de Nicolas II) demeurait aussi rue du Temple; il exerçait sa profession dès 1686, comme le témoigne l'article précédent. On a de lui plusieurs parties de la bibliothèque bleue, qui ne se distinguent en rien de celles qu'ont données ses homonymes. Nous citerons seulement la vie de Tiel Ulespiègle, 1699, petit in-8°; meurt en juillet 1711.

—— (sa veuve, Anne HAVARD) le remplace en 1711 dans l'établissement de la rue du Temple, imprime d'abord seule, puis en société avec son fils Jean IV, puis ne figure plus que comme libraire au frontispice des livres. Elle disparaît après 1742. Le nom de la mère et du fils se voient sur le titre de la Danse Macabre de 1729, in-4°.

—— (Jean IV), fils de la précédente, reçoit les provisions d'imprimeur en 1721, aux lieu et place de sa mère, qui, soit comme imprimeur, soit comme libraire, figure sur la plupart de ses éditions. Au nombre de celles qu'il a procurées, figurent :

Les Etrennes de la Saint-Jean (par le comte Caylus), 2e

édition, Troyes, chez la veuve Oudot, 1742, in-12, avec un portrait grotesque, au bas duquel on lit :

Portrait de M. ou Mme Oudot.

avec cet avertissement au ton de l'ouvrage : *l'Imprimeur étant contrefait, il a jugé à propos de se faire graver, afin que son livre ne soit pas de lui quand il n'y sera pas.*

Il a été tiré du grand papier et du vélin.

Un de ces derniers, sur maroquin violet avec fermoirs d'argent, a été vendu 150 fr. en 1777, chez Randon de Boisset; 123 fr., en 1786, chez Camus de Limare, et est passé de la bibliothèque Chardin en Angleterre, où il a été vendu en 1817 2 liv. 12 schel.

Un autre exemplaire a été acheté à la vente Maccarthy par M. Debure, non pas pour la bibliothèque du roi, comme M. Vanpraët l'a imprimé par erreur, et où il n'existe pas, mais pour un amateur étranger, dont la trace est perdue. Nous nous en sommes assurés auprès de M. Debure lui-même. Jean IV Oudot est mort en 1745.

—— (sa veuve, Jeanne ROYER) a continué le commerce de son mari depuis 1745 jusque vers 1768.

Nous citerons parmi les articles de son fonds :

La Peine et Misères des Garçons Perruquiers, réimprimé sur un privilége de 1739;

L'Edit sur la Milice de Troyes, 1748, in-8o. BT.

Elle ne laissa qu'une fille, qui épousa un Truelle. En elle, finit le nom d'une famille qui exerça l'imprimerie dans trois siècles consécutifs et dans le même genre d'ouvrages. Leur fonds et la maison qu'ils occupaient, rue du Temple, no 43 actuel, passa aux Garnier, avec lesquels ils avaient une grande analogie, pourtant avec une certaine supériorité. Les deux fonds ou plutôt leurs débris, c'est-à-dire quelques résidus de leurs éditions les plus communes, et un pêle-mêle de planches gravées en bois, sont aujourd'hui ès-mains du sieur Baudot, successeur immédiat du dernier des Garnier.

PARIS (NICOLE ou NICOLAS) avait adopté pour enseigne un enfant nu suspendu à un palmier, avec ces mots: *et colligam;* il prenait le titre de *artium professor et typographus*. C'est l'un de nos coryphées du 16e siècle. La diversité des caractères qu'il employait indique un établissement largement fondé. Nous citerons de lui:

Dès 1542, les Satyres de Perse en lettres italiques, qui, d'après Grosley, ne le cédaient point à celles employées par Gryphius.

1543. Le *Voyage de l'Homme Riche*, par François Habert, in-8°, très-rare. V. l'abbé Gouget. T. XIII.

1544. Le *Second Enfer d'Etienne Dolet*. Petit in-8°, lettres rondes. Ce livre présente au frontispice la marque de Pâris décrite plus haut. Nous ne voyons pas sur quoi on appuie la supposition selon laquelle il n'aurait fait ici que prêter son nom à Dolet lui-même. BT.

1545. *Antiphonarium Cisterciense*, aprili mense, in f°, BT.

1546. Les Statuts synodaux, promulgués à Sens en 1525.

Cette même année-là, il renouvela ce que nous avons déjà observé au sujet des Lerouge; nous voulons parler d'impressions exécutées hors de son domicile. L'abbaye de Larrivour, ordre de Citeaux, située sur la rivière de Barse, à 3 lieues de Troyes, avait alors pour titulaire Jean de Luxembourg, de la branche des Luxembourg-Brienne, depuis évêque de Pamiers. Ce prélat aimait les lettres, les encourageait et même les cultivait. Il appela à Larrivour notre Pâris pour imprimer plusieurs de ses ouvrages, notamment:

1°. *L'Institution du Prince, de Budé, avec les Annota-*

tions de Jean de Luxembourg, in-4°, imprimé à Larrivour, abbayé dudit seigneur roi, par Nicolas Pâris, 204 feuillets sans la table, titre encadré, majuscules grises ; le privilége porte pour condition, que l'ouvrage sera imprimé en *beaux caractères*. On peut dire que cette condition a été fidèlement exécutée. L'exemplaire que nous décrivons appartient au docteur Carteron, et vient du cabinet de Grosley. C'est par erreur que ce dernier le désigne comme in-f°.

2°. *La Nouvelle d'un Révérend Père en Dieu et bon Prélat, par Colin Royer* (pseudonyme), petit in-4° de 22 feuillets, attribué à Jean de Luxembourg, par Lenglet du Fresnoy, bibliothèque des romans ; suivi de *la Vie et les Actes triomphants d'une très-illustre et très-renommée demoiselle nommée Catherine Desbassouhaits, par Jean de la Roche, baron de Florigny* (autre pseudonyme).

3°. L'Oraison funèbre de Henri II, par le même.

Il a donné encore sans date :

La Parfaite Amie, par Ant. Héroet.

Breviarium Trecense, très-petit in-8° gothique sur deux colonnes, sans titre, sans date et sans nom d'imprimeur au frontispice. Mais à la fin de la partie d'hiver on lit *impressore N. Paris, gratia superis*. Les caractères sont fort menus et n'ont pas la netteté convenable en pareil cas. Deux gravures, dont l'une représente David jouant de la harpe. Il se trouve à la bibliothèque du Panthéon, sous la cotte BB, 1253. BT.

REGNAULT (Eustache). Son adresse était indiquée rue de la Petite-Tannerie, *in Parvo vico Tannato* ; a imprimé en 1662, *Annales ordinis Grandimontis afratre Joanne Leveque, Trecensi, priore Villamediano*, in-8°, 448 pages, dont 19 contiennent un appendice des titres et antiquités de l'abbaye de Macheretz. Ce prieur de Villemoyenne était originaire de Rouilly-Saint-Loup, et de la même famille que Lévêque de Laravallière, autre troyen, de l'académie des inscriptions. C'est ce dernier qui nous l'apprend dans une correspondance que nous possédons.

Le frère Jean Lévêque promettait de donner au public une histoire étendue de l'ordre des Premontrés, dont celle-ci n'était que le prodrome. Mais elle n'a pas paru, bien qu'elle soit indiquée par certains bibliographes qui ont cru qu'il avait exécuté sa promesse, et lui en ont fait crédit.

On trouve encore sous le nom du même imprimeur, *la Vie de Tiel Ulespiègle* (bibliothèque du duc d'Aumont).

SIMONNOT (Blaise). A la fin d'un livre intitulé *les Douze fruits de l'Arbre de Vie*, par Fr.-Julian Manceau, 1631, in-8o, BT., on lit :

« A Troyes, par le soing particulier de l'auteur, y » présent, de l'imprimerie de Blaise Simonnot, et se » trouve à Paris, rue Saint-Jacques, au Compas d'or.

Production ascétique de peu de valeur ; l'impression ne vaut pas mieux.

SOURDET (Pierre), rue Notre-Dame.

Nous avons trouvé de lui : de *l'Etat et Gouvernement de l'Eglise*, par Simon Vigor, 1621, in-8o. BT.

TRUMEAU (Thibault), en latin *Turmœus ;* est, selon toute apparence, de la même famille que Jehan Trumeau, imprimeur à Provins, demeurant sur le pont au Poisson.

Le nôtre n'était point encore imprimeur en titre, en 1533. Nous le voyons, cette année-là, se réunir avec Jean Petit et Guy Piétrequin, pour exécuter à leurs frais, dans les ateliers de Jean Lecoq, décédé, le

Missale Trecense, in-f°, *impressum*, y est dit-il : *in ædibus defuncti J. Lecoq, in vico divæ mariæ Commorantis impensis J. Petit, Parisiensis bibliopolæ et Guidonis Pietrequin et Theobaldi Trumeau civium Trecensium.*

Ce volume est de la plus riche exécution. Les capitales sont du meilleur effet, les gravures en bois, dont deux in-f°, dont il est orné, sont extrêmement nombreuses, et plusieurs sont touchées avec finesse. L'exemplaire conservé à Troyes, provient de l'abbaye de Saint-Loup. Six des feuillets du milieu du livre sont sur vélin. En 1750, d'autres exemplaires de ce Missel se trouvaient à la cathédrale et à Saint-Pantaléon.

Les années suivantes, Thibault Trumeau prend le titre d'imprimeur, et donne :

1536. *Breviarium Trecense, impressum trecis opera Theobaldi Trumeau*, avec la marque de Lecoq. *Venundantur in ædibus J. Lecoq*, réimpression du Bréviaire de 1509, caractères plus nets, gothique. Se trouve bibliothèque du Panthéon, coté BB, 1255, et à Troyes.

1541. *Manuale Trecense*, in-4°, très-remarquable ; les lettres rouges et noires, gothiques, sont fort grosses, et du tirage le plus égal et le mieux soigné.

1543. *Bréviaire de l'ordre de saint Benoît, pour notre dame aux Nonains*, in-4°, gothique, imprimé par l'ordre de l'abbesse Marie Dumoutier.

Au frontispice est un cartouche autour duquel on lit ces mots : *mulier amicta sol et luna sub pedibus ejus.* L'impression divisée par rubriques d'un bel effet, le papier d'un grand choix, les caractères fort élégants, en font un livre recommandable à tous égards, et qui ne craindra aucune comparaison avec ce qui s'est fait de mieux à Paris à pareille époque. C'est un des beaux fleurons de la typographie troyenne. L'exemplaire conservé à Troyes, a appartenu à sœur Marie Dolet, professe en 1601.

1544. *Breviarium Trecense*, réimpression de celui de 1536, mêmes caractères, *impressum Trecis, in ædibus defuncti Lecoq, par Th. Trumeau impressorem et librarium*, marque de Lecoq. BT. Conservé bibliothèque du Panthéon, sous la cote BB., 1256.

Ici nous avons dû nous adresser une question, et nous ne nous flattons pas de l'avoir résolue définitivement. Comment se fait-il que des livres que Trumeau annonce avoir imprimés, non seulement l'aient été dans la maison de Lecoq, mais s'y soient vendus, et portent la marque distinctive des Lecoq, lorsque nous avons fait voir que dès 1541, le second Lecoq travaillait en son nom? Il y avait ici, ce semble, une usurpation flagrante, et les lois ne manquaient pas plus alors qu'aujourd'hui pour la réprimer; car l'art. 16 de la déclaration du 31 août 1539, disposait que : « Les maî» tres imprimeurs et libraires ne pourront prendre les » marques les uns des autres, ains chacun en aura une » à part soi différente les unes des autres en manière » que les acheteurs des livres puissent facilement con» naître en quelles officines les livres auront été im» primés et lesquels se vendront auxdites officines et » non ailleurs. » Peut-être s'était-il allié à cette maison; il aurait alors partagé à titre d'héritier et le local et la marque caractéristique de l'établissement dont la réputation était faite depuis long-temps.

—— (François). Il a imprimé :

1572. *Pirræ Menisson epicedium.* Cet éloge funèbre en vers, d'une femme par son mari, du nom de Duchat, se trouvait dans un des Miscellanea de la bibliothèque de MM. Pithou, conservés au collége sous la cote MA. 43.

1574. Heures à l'usage de Troyes, in-16. Nous ne connaissons ce volume que par l'indication à nous donnée par M. Tarbé, imprimeur à Sens.

Et sans date, *le Recueil des Triomphes et magnificences qui ont été faites au logis de M. le duc d'Orléans, à Fontainebleau, le lundi gras dernier, 14 de février*. Gothique.

Heures à l'usage de Troyes, du Log, *sans requérir*, in-12, gothique, format très-allongé en hauteur, rubriques, figures en bois de médiocre exécution, très-bien imprimé. Au frontispice deux lions supportent un écusson, au milieu duquel on voit un aigle couronné. Se trouve à la bibliothèque de Troyes.

LISTE DES MÊMES IMPRIMEURS

DISTRIBUÉS

DANS L'ORDRE CHRONOLOGIQUE.

N. B. Il est essentiel de remarquer que nous ne donnons point les années ci-après indiquées, comme des limites rigoureuses, entre lesquelles l'exercice de chaque imprimeur demeure invariablement fixé, mais qu'il ne s'agit là que des années pendant lesquelles nous avons pu acquérir la preuve de son existence active.

1483. Pierre Lerouge.
1492. Guillaume Lerouge.
1496. Le même.
1509—27. Jean Ier Lecoq.
1510—50. Nicolas Lerouge.
1533—44. Thibault Trumeau.
1541—85. Jean II Lecoq.
1542—7. Nicolas Paris.

1549. Macé Moreau.
1572—4. François Trumeau.
1577. Jean Duruau.
1578—1609. Jean Collet.
1578. Philippe Deschamps.
1582—8. Claude Garnier.
1584—90. Nicolas Duruau.
1589—94. Jean Moreau.
1594—7. Jean Oudot.
1596—1615. Jean Griflard.
1603—22. Pierre Chevillot.
1606—28. Noël Moreau.
1606—30. Nicolas Ier Oudot.
1621. Pierre Sourdet.
1622. Jean II Oudot.
1627. Edme Briden.
1628—9. Pierre Duruau.
1629—37. Jean Jacquard.
1630. Pierre Desmolins.
1630—1. Claude Briden.
1630—1. Noël Laudereau.
1630—1. Léger Charbonnet.
1631. Denis Clément.
1631. Blaise Simonnot.
1633—43. Antoine Chevillot.
1636. Veuve Nicolas Ier Oudot.
1637—68. François Jacquard.
1641—82. Nicolas II Oudot.
1643. Jean Blanchard dit *Chevillot*.
1643—8. Edmond Nicot.
1652. Denis Demojot.
1654. Blaise Briden.
1655—1705. Claude Lefebvre.
1661—71. Edme Nicot.
1662. Eustache Regnault.

1662—77. Gyrardon.
1668. Gabriel Laudereau.
1675—91. Louis Blanchard.
1686—96. Jean III Oudot.
1686—1711. Jacques Oudot.
1690—1738. Jacques Ier Lefebvre.
1696—1738. Pierre Garnier.
1702. Jean Adenet.
1702—10. Nicolas Debarry.
1702—24. Charles Briden.
1702—37. Pierre Michelin.
1706—12. Herluison.
1710. Veuve Nicolas Dubarry.
1711—23. Veuve Jacques Oudot.
1721—45. Jean IV Oudot.
1725. Veuve Charles Briden.
1731. Veuve Jean Adenet.
1737—43. Veuve Pierre Michelin.
1738—56. Jacques II Lefebvre.
1739—54. Veuve Pierre Garnier.
1743—53. L.-G. Michelin.
1745—68. Veuve Jean IV Oudot.
1753—60. Veuve L.-G. Michelin.
1754—65. Jean Garnier.
1756—69. Veuve de Jacques II Lefebvre.
1757—68. Michel Gobelet.
1766. Jean-Antoine Garnier.
1769. Jean-Jacques Lefebvre.
1777. Etienne Garnier dit *Lejeune*.
1782—9 et au-delà. Veuve Michel Gobelet.
1783—89 et au-delà. Adrien-Paul-François André.
1784—9 et au-delà. Veuve d'Etienne Garnier.

FIN.

www.ingramcontent.com/pod-product-compliance
Ingram Content Group UK Ltd.
Pitfield, Milton Keynes, MK11 3LW, UK
UKHW031936260826
14628UKWH00004B/1672

9 782016 185391